Coleção Astrologia Contemporânea

A Astrologia, como linguagem simbólica que é, deve sempre ser recriada adaptada aos fatos atuais que pretende refletir.

A coleção ASTROLOGIA CONTEMPORÂNEA pretende trazer, na medida do possível, os autores que mais têm se destacado na busca de uma leitura clara e atual dos mapas astrológicos.

Dados Internacionais de Catalogação na Publicação (CIP)
(Câmara Brasileira do Livro, SP, Brasil)

Schulman, Martin
Roda da fortuna/ Martin Schulman ; [tradução Denise Maria Bolanho]. - São Paulo - Ágora, 1988. (Coleção astrologia contemporânea. Astrologia cármica ; 3)

ISBN: 978-85-7183-296-1

1. Astrologia 2. Carma 3. Horóscopos 1. Título. II. Série.

88-0019 CDD-133.548
-133.58122

Índices para catálogo sistemático:

1. Astrologia cármica	133.58122
2. Horóscopos : Astrologia	133.548
3. Mapa astral : Astrologia	133.548
4. Roda da fortuna : Astrologia	133.548

RODA DA FORTUNA

Astrologia Cármica III

Martin Schulman

EDITORA
ÁGORA

Direção da coleção: **Fauzi Arap**
Tradução: **Denise Maria Bolanho**
Desenho da capa: **Alden Cole**

Editora Ágora
Departamento editorial
Rua Itapicuru, 613 – 7º andar
05006-000 – São Paulo – SP
Fone: (11) 3872-3322
http://www.editoraagora.com.br
e-mail:agora@editoraagora.com.br

Atendimento ao consumidor
Summus Editorial
Fone: (11) 3865-9890

Vendas por atacado
Fone: (11) 3873-8638
e-mail: vendas@summus.com.br

Impresso no Brasil

...A você que conheceu o sofrimento, que seus fardos sejam mais leves...

...A você que desceu fundo no poço da dor, possa a felicidade agora ocupá-lo...

...Aos meus estudantes que sempre me estimularam a descobrir quão pouco eu sei. Seus nomes são muitos para serem mencionados, e seu amor e devoção muito abundantes para serem colocados em palavras...

*...À minha adorada princesa Penny Sue,
que sente tanto, porque sabe o precioso valor da afeição... e das profundezas de seu amor vem a música da Inspiração que é sua dádiva de alegria para o mundo...*

ÍNDICE

CAPÍTULO 1

A RODA DA FORTUNA

Um dos aspectos mais fascinantes da Astrologia, bem como o mais mistificante, é a Roda da Fortuna. Embora tenham sido propostas definições de menor importância deste ponto muito especial no horóscopo, nenhum trabalho até agora foi capaz de apontar claramente o significado exato desta área tão importante no mapa astral.

* * *

Enquanto o homem experimenta altos e baixos, provações e adversidades, ele é sustentado por um raio de esperança que se dirige para a prosperidade final de seu destino. Quando o curso da vida está indo contra si, ele sabe interiormente que dias melhores virão. Durante esses dias melhores, quando ele experimenta mais alegria em si mesmo, talvez sinta que seus pensamentos, emoções e atividades o estão levando para mais perto da meta que é o desejo sincero de sua Alma.

Além de suas necessidades momentâneas, todo homem possui dentro de si a estrutura de suas aspirações. É essa estrutura de ideais que lhe ensina a diferença entre o certo e o errado. Quando um homem sai dessa estrutura, perde seu senso de certo e errado; ficar nela torna mais fácil compreender que tudo o que leva aos ideais é certo e o que o desvia deles é errado. Assim, o conceito de certo e errado, para qualquer indivíduo, é muito menos um produto da moralidade da sociedade em que vive do que dos meios através dos quais ele pode reconhecer os ideais intangíveis que definiu para si mesmo como sendo o seu objetivo particular. Atingir esses ideais iria lhe proporcionar uma vida de alegria. Nenhum de nós é tão velho ou cansado para acreditar em contos de fadas ou na presença de Deus; para esperar pelo bem definitivo ou por algum sonho distante logo além do horizonte de nossa imaginação. É esse sentimento impalpável de esperança que dá ao homem não somente seu entusiasmo pela vida e seu desejo de alcançar além de suas presentes conquistas, como também uma poderosa fé no resultado otimista de seu destino futuro.

Cada indivíduo sabe congenitamente que em algum lugar existe um "pote de ouro" esperando no fim de seu próprio arco-íris. Para alcançá-lo o homem está disposto a passar pelas tempestades da vida, das quais emerge como "o capitão de seu próprio navio". As provações e as experiências que ele atrai e suporta são apenas as ondas nos mares por ele navegados em direção à sua própria terra prometida. O domínio de um obstáculo no caminho para uma meta idealista o leva para mais perto da praia.

Os momentos na vida em que um homem sente-se completamente tranqüilo são comparativamente poucos em relação ao tempo que gasta indo rumo às suas metas. Algumas vezes ele perde a direção e erra o caminho. Embora sempre, nos níveis mais profundos, esteja preservada a essência pura do ideal; que a alegria da vida está esperando, se ele estiver disposto a entrar em seu próprio navio.

Para alguns, essa grande alegria pode depender de outra pessoa, ou talvez envolva a segurança do dinheiro; ou talvez seja uma revelação espiritual ou alguma coisa verdadeiramente esotérica. Para muitas pessoas pode ser algo bastante simples — como lhes ser permitido o tempo para apenas "ser".

Obviamente, os ideais de alegria são numerosos e variados. É por essa razão que cada indivíduo possui espaço e escolhas suficientes para personalizar, em sua própria maneira única, aquele ideal particular que lhe traria o maior sentimento de alegria e satisfação.

Um poeta escreveu: "Nenhum homem é uma ilha..." Assim, definir nossos maiores ideais não é um processo fácil. O homem enfrenta fatores fora e dentro de si mesmo antes que possa conhecer a combinação particular de circunstâncias que o levarão ao sincero desejo de sua Alma. O maior obstáculo que o homem encontra ao longo de seu caminho é a preservação da harmonia interior e exterior. A harmonia interior nos permite conhecer as metas e ideais que nos trarão felicidade — "o pote de ouro".

Na linguagem astrológica, esse pote de ouro é conhecido como a Roda da Fortuna. É através da expressão desse ponto que nos sentimos mais à vontade e percebemos nosso próprio nicho na vida. A Roda da Fortuna é também o ponto através do qual nos sentimos enraizados no centro de nosso próprio ser.

As metas e os ideais de uma vida podem às vezes levar a vida toda para serem alcançados. Para aqueles que são suficientemente afortunados para atingirem tal vibração dourada cedo ainda na vida, teria que ter havido muito esforço concentrado num espaço de tempo relativamente curto. Assim, está claro que a Roda da Fortuna trabalha melhor para um indivíduo depois da meia-idade do que durante sua juventude.

Devido à sua natureza peculiar e à promessa de tanto bem que ela encerra, a Roda da Fortuna representa o lugar no horóscopo onde, dentro de si mesmo, o indivíduo sabe que não deve comprometer seus ideais. Ele luta não apenas com seus próprios conflitos, mas também com os das pessoas ao seu redor, a fim de experimentar interiormente e expressar exteriormente a beleza pura daquilo que ele sabe ser possível.

O primeiro fator com que nos confrontamos ao longo desse caminho de idealismo é a compreensão de nossa natureza solar. Através do signo do Sol, precisamos aprender quem são eles, o que simbolizam e estabelecer uma vibração de identidade muito positiva, que fica em maior harmonia com tudo que nos foi dado pela vida. Uma pessoa precisa estar disposta a encarar as partes mais brilhantes dentro de si mesma, que na realidade são tão boas que quase não se acredita nelas. Uma pessoa precisa aprender a energizar essa graça até não haver mais dúvidas em se identificar com ela. Precisamos aceitar tudo o que o universo nos destinou, como uma das crianças muito especiais de Deus, enquanto, ao mesmo tempo, dominamos nossas partes menos importantes que dissipam a vitalidade e diminuem o brilho de nosso maior potencial. Através do signo do Sol precisamos saber quem somos, não em função do que os outros pensam ou dizem, mas, sim, através do quanto de nós mesmos pode ser conhecido. Temos pela frente a difícil tarefa de sermos tolerantes e, ao mesmo tempo, rigorosos conosco. Como uma planta que floresce, precisamos aprender a nos dirigirmos para os raios do Sol, mantendo-nos, ao mesmo tempo, firmemente enraizados no lugar que se tornará o centro do ser. Não podemos negar nossa própria força, precisamos reconhecer as fraquezas e permitir que a força lide com elas. Uma pessoa precisa aprender a irradiar tudo o que ela é, para que, enquanto houver crescimento, exista uma habilidade para refletir mais puramente a energia e a beleza de seu ser.

Através do signo da Lua, o homem precisa enfrentar uma parte muito diferente de sua natureza. Aqui, aprendemos como reagir emocionalmente a todas as forças estimulantes da vida. Através de muita prática, desenvolvemos padrões de reação que se tornam os blocos construtores de atitudes. O homem encontra seus maiores testes lidando com as circunstâncias externas da vida. Conhecendo as estações ou as mudanças que fluem interiormente, precisamos conseguir alcançar e manter uma reflexão clara e precisa do ser, não somente através de nossos próprios olhos, mas através do *feedback* recebido dos outros. A elevação da consciência através da posição da Lua é, na verdade, uma tarefa muito difícil. Isso não significa que um indivíduo precisa exercitar o controle emocional, mas, sim, que precisamos alcançar a harmonia emocional. Freqüentemente essas duas coisas não são iguais. Controlar nossas emoções, levando em consideração os fatores desagradáveis fora de nós mesmos, é como usar um guarda-chuva; mas, ao mesmo tempo, tendo a possibilidade de escolher entre sol e chuva, gostaríamos que não chovesse. A verdadeira harmonia emocional vem do reconhecimento de que não podemos mudar o tempo, mas, certamente, podemos mudar a maneira de nos adaptarmos a ele. O salgueiro que verga na tempestade, enquanto suas folhas voam com os ventos que mudam, ergue-se novamente quando a tempestade se acalma, e brilha outra vez como uma das criações mais majestosas da natureza. Ao mesmo tempo, uma árvore frágil sempre é destruída pela tempestade. Os delicados galhos e folhas do salgueiro são muito parecidos com a natureza emocional do homem como é representada pela Lua. Embora os galhos e folhas se curvem a cada brisa, nós temos uma consciência aguçada de que sua sobrevivência depende de nossa habilidade para manter sua ligação ao tronco da árvore. Aqui, o tronco da árvore pode ser comparado ao signo do Sol, que é o centro de nosso objetivo.

O signo do Sol representa os fatores que são a essência do indivíduo — uma dádiva —, que torna a pessoa singularmente única. Através do signo da Lua aprendemos como nos adaptarmos ao mundo que se transforma. A Lua é o depósito de hábitos aprendidos a fim de sobreviver. O homem mede suas forças com o mundo em que vive e tenta manter um equilíbrio entre as necessidades que nutrirão seu signo do Sol e aquelas que a sociedade lhe permite satisfazer num determinado momento. Através do signo da Lua ele considera as necessidades e as opiniões de outras pessoas, e, através das reações significativas a elas, sustenta a si mesmo e aos outros. O equilíbrio entre as emoções, sentido pela Lua, e as necessidades do Sol, e sua integração, formam uma nova percepção de ser que permite que um indivíduo experimente um objetivo único e dirigido na vida. A percepção de ser dá ao indivíduo a consciência dos ideais essenciais que estruturam a direção e o objetivo.

Considerar o Sol e a Lua apenas como fatores que levam a um equilíbrio dentro do indivíduo significaria ignorar uma lei universal: a lei da tríade, ou dos três. Um par, em tudo na natureza, automaticamente provoca um desequilíbrio. Veja as extremidades opostas da gangorra, com um lado para cima e o outro para baixo. Situações positivas/negativas sempre existem quando apenas dois fatores são considerados. As coisas parecem se tornar certas ou erradas, pretas ou brancas, altas ou baixas, leste ou oeste, grandes ou pequenas, dominantes ou submissas, e a lista poderia continuar sem fim. É apenas quando a Lei de Três é considerada que a harmonia e o equilíbrio perfeitos são alcançados. É o ápice no topo da pirâmide, através do qual todo poder é concentrado; o suporte no centro da gangorra, no qual as extremidades opostas podem se equilibrar. O conceito de Deus, na maior parte do mundo ocidental, é apresentado sob a forma da Trindade. Os relacionamentos entre duas pessoas somente funcionam suavemente na presença do divino poder superior. Os dois lados de uma moeda não têm sentido sem o terceiro fator, da essência do significado do próprio dinheiro. Na Astrologia, a Lei de Três está presente em todo lugar. Cada signo do zodíaco está dividido em três partes ou decanatos. Existem trinta graus para cada signo — três vezes dez. Cada quadrante do zodíaco abrange três signos que representam as estações do ano. Existem três qualidades para os elementos: cardinal, fixa e mutável. O Grande Trígono, através do qual uma milagrosa proteção divina parece resplandecer e que sempre ajuda um indivíduo a se firmar, é simbolizado por três pontos. A ciência da Geometria, à qual a Astrologia está diretamente relacionada, permitiu que o homem construísse o triângulo físico que é a forma de arquitetura mais forte para uma construção.

O Ascendente é o terceiro fator que equilibra os signos do Sol e da Lua. Todas as energias planetárias são sentidas e expressadas através do Ascendente. É aqui, particularmente, que a atração entre o Sol e a Lua será mais fortemente sentida. Aqui, desenvolvemos a personalidade que nos permitirá lidar confortavelmente com as necessidades e os sentimentos. As dificuldades experimentadas para lidar com circunstâncias externas geralmente forçam a maioria das pessoas a usar o Ascendente para harmonizar as energias da Lua às custas das energias do Sol. Assim, a personalidade desenvolvida no Ascendente é também usada como uma fachada mediadora para amenizar tudo que um indivíduo sente e tudo que acredita que os outros pensam que deveria sentir. Isso concentra muita atenção na Lua, mas, na verdade, diz muito pouco para as necessidades do signo do Sol.

Quando se permite que a personalidade, simbolizada pelo Ascendente, e o ser emocional ou habitual, simbolizado pela Lua, dominem o Sol, nos defrontamos com uma situação na qual a base de uma pirâmide é vista como sendo mais importante do que o seu topo. A base existe para sustentar o topo, e não o inverso. A Bíblia diz: "E os construtores rejeitaram o cume." A essência foi ignorada e sacrificada por um nível inferior de ser.

Para reajustar o equilíbrio, um indivíduo precisa se tornar mais consciente do poder de seu signo do Sol. Astrologicamente, o melhor caminho para fazê-lo é refazer o mapa natal, com o Sol no Ascendente ou mentalmente colocar o Sol nessa posição. Fazendo o Sol formar uma conjunção com o Ascendente, a personalidade do indivíduo se harmoniza com as necessidades do Sol. Assim, estamos aumentando a importância do Sol e não permitindo que a personalidade aja independente dele. Agora, ambos precisam atuar juntos em direção a um objetivo comum. Obviamente, isso muda a ênfase da Lua. Se o Ascendente está agora atuando como um resultado do Sol, e não é mais uma fachada para a Lua, então é a vez de a Lua cooperar com esse novo equilíbrio que representa a força e o potencial do indivíduo. Continuando com a analogia do salgueiro: se o tronco da árvore, o Sol, tiver sido transplantado para o Ascendente, então as folhas, a Lua e as necessidades emocionais, precisam se mover também, e na mesma medida. Não podemos partir nossa árvore em pedaços. Para que isso aconteça, movemos a Lua o mesmo número de graus, na mesma direção em que o Sol foi movido. Por exemplo: se o Sol estava em 15.º de Áries, a Lua em 15.º de Capricórnio e o Ascendente em 15.º de Câncer, imaginamos o Sol no grau do Ascendente e a Lua 90 graus atrás ou em 15.º de Áries. A relação de graus entre o Sol e a Lua não mudou — são os mesmos 90 graus. Entretanto, a posição do signo mudou. Mais um exemplo: o Sol em 12.º de Peixes, a Lua em 6.º de Aquário, o Ascendente em 25.º de Câncer. O Sol e a Lua estão separados por 36 graus. Se o Sol for visualizado no Ascendente, 25.º de Câncer, a Lua estaria 36 graus para trás ou em 19.º de Gêmeos. (Os diagramas que se seguem mostrarão esse processo claramente.) A nova posição da Lua — signo e grau — forma a Roda da Fortuna. No primeiro exemplo, a Roda estaria em 15.º de Áries e no segundo, em 19.º de Gêmcos.

A Roda da Fortuna simboliza o lugar no horóscopo através do qual o Sol, a Lua e o Ascendente estão no melhor relacionamento harmonioso entre si e são facilmente expressos para maior benefício do indivíduo.

A Roda da Fortuna, como o planeta Júpiter, promete abundância. Entretanto, num sentido mais amplo, abrange muito mais da natureza de um indivíduo do que qualquer planeta específico. Ela harmoniza o indivíduo ao meio ambiente no qual será mais natural ser bem-sucedido, e define para cada indivíduo onde será o seu conceito único e particular de sucesso. Ela também mostra a necessidade mais forte numa pessoa, ao definir a diretriz particular para a qual todo seu ser vibra.

Em todo indivíduo existe um "ego" e um "ego" ideal. A maneira mais simples de definir o "ego" é dizer que ele é o que a pessoa pensa de si mesma. Estejam corretos ou não os pensamentos a respeito de si mesma, a maneira como ela os percebe se torna seu "ego".

Como Encontrar a Roda da Fortuna

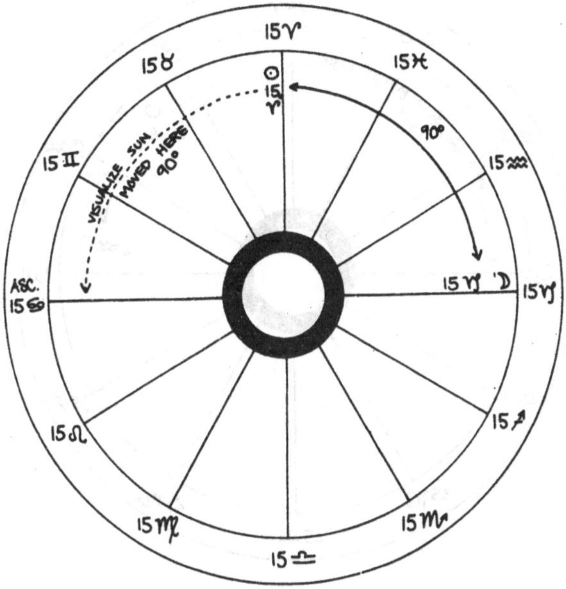

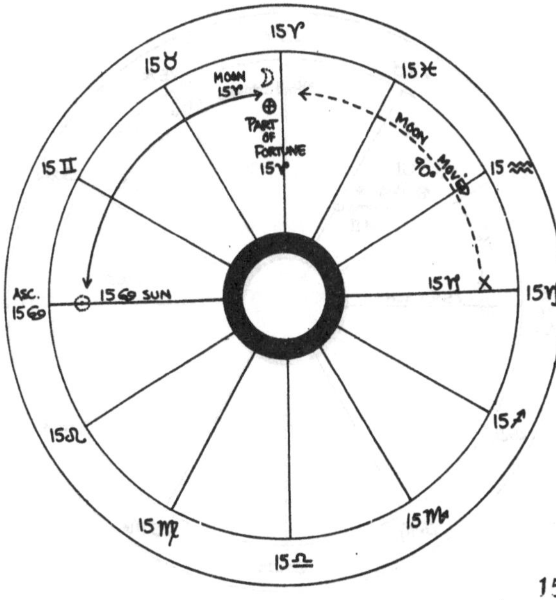

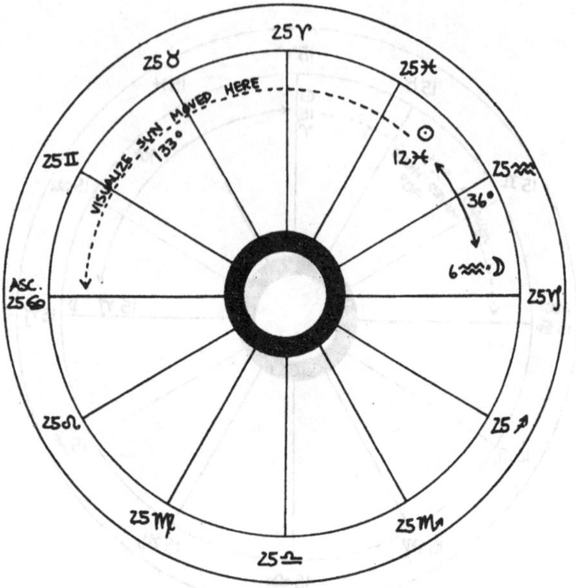
25♈
25♉
25♓
VISUALIZE SUN MOVED HERE
133°
25♊
12♓
25♒
36°
6♒ ☽
ASC.
25♋
25♑
25♌
25♐
25♍
25♏
25♎

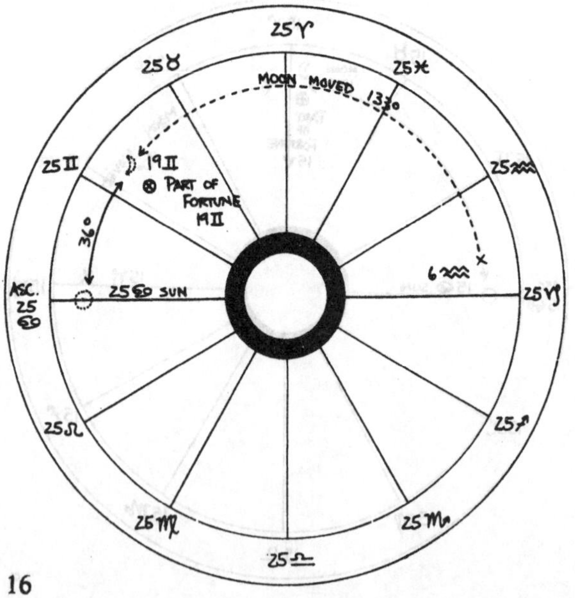
25♈
25♉
25♓
MOON MOVED 133°
25♊
☽ 19♊
⊗ PART OF FORTUNE 19♊
25♒
36°
6♒
ASC.
25
♋
25♋ SUN
25♑
25♌
25♐
25♍
25♏
25♎

Ao mesmo tempo, seu "ego" ideal é formado pelos pensamentos que representam tudo o que ela gostaria de ser mas não é. Assim, o "ego" ideal é sempre muito mais do que o "ego" real, com relação aos nossos sonhos de satisfação. Como resultado, quando uma pessoa olha para si vê, ao mesmo tempo, seu "ego" ideal, ou tudo que gostaria de ser, e seu "ego" (o conhecimento de tudo o que ela verdadeiramente é). Freqüentemente, ela vê uma grande lacuna entre os dois. Essa lacuna lhe serve como motivação para atingir além do que está dentro de seu alcance atual.

O próprio "ego" muda dia a dia, momento a momento, dependendo do que o indivíduo faz, do meio ambiente no qual se encontra, e do quanto se acha bem-sucedido — aos seus próprios olhos e aos dos outros. O "ego" ideal, entretanto, é mais como um ponto fixo na mente, no mundo e no destino de um indivíduo. Simboliza a parte de si mesmo que ele acredita que o realizaria — se pudesse alcançá-lo. Assim, o "ego" ideal representa alguma coisa pela qual o indivíduo está interiormente lutando para atingir e sua feliz realização pode ser alcançada ao encontrar a harmonia prometida pela Roda da Fortuna.

RODA DA FORTUNA E RECOMPENSA CÁRMICA

Uma vez que a Roda da Fortuna depende de como um indivíduo utiliza seu Sol, Lua e Ascendente, os benefícios que receberá dela dependerão de como esses três fatores estão trabalhando em seu horóscopo. Se esses três fatores tiverem sido usados negativamente, então a Roda da Fortuna pode parecer a Roda do Infortúnio. Isso acontece porque o indivíduo não se esforçou para elevar a consciência representada pela Lua. É fácil ver por que isso acontece quando se percebe que, ao mover o Sol para o Ascendente, é a *nova* posição da Lua que na realidade determina a Roda da Fortuna no horóscopo.

Se um indivíduo estiver usando sua Lua fluidamente e como uma parte dinâmica e integral do horóscopo, e assim harmonizando a Alma com o restante de seu ser, então pode se esperar que a Roda da Fortuna trabalhe muito positivamente. Por outro lado, quando um indivíduo estiver usando sua Lua como um depósito de lembranças negativas, então pode se esperar que a Roda da Fortuna não trabalhará positivamente. Mesmo sob seus piores aspectos, a Lua representa crescimento, mudança, o desenvolvimento de novos hábitos e o início de novas atitudes emocionais que finalmente ajudarão a elevar seu carma. A maioria dos astrólogos concordaria que é a Lua que tende a ocasionar às pessoas suas maiores dificuldades. É interessante notar, de um ponto de vista horário, que a maioria das pessoas marca entrevista para interpretações astrológicas nos dias em que a Lua está transitando pela casa exata em seu horóscopo, que representa a razão pela qual elas procuraram a interpretação em primeiro lugar. Assim, pode se constatar como é importante o papel da Lua na resolução de nossos problemas. É através da solução de tais problemas que a Roda da Fortuna se torna a fonte de inspiração ideal — o proverbial pote de ouro no fim do nosso arco-íris.

ALCANÇANDO A RODA DA FORTUNA

Num nível muito simplista, a Roda da Fortuna pode ser considerada um sinal de sorte em nosso horóscopo, uma fonte de oportunidade através da qual podemos alcançar nossos maiores desejos, embora a idéia de sorte, oportunidade, satisfação e perfeição permaneça abstrata, a menos que o indivíduo faça esforços combinados em direção ao seu objetivo.

No princípio deste século muitos imigrantes vieram para a América acreditando que "as ruas eram revestidas de ouro". Infelizmente, a maioria logo aprendeu que se tratava somente de um mito. Entretanto, umas poucas pessoas, com seus esforços individuais, realmente conseguiram tornar esse mito em uma realidade em suas vidas. A idéia de que, aos olhos de Deus, todo indivíduo tem chances iguais de se tornar feliz permanece uma idéia, exceto para aqueles cujos esforços fazem com que esse conceito, aparentemente inatingível, seja a realidade de suas existências. A visão do movimento espiritual no mundo de hoje é realmente muito bonita. Mas a verdadeira experiência é acessível apenas aos homens e mulheres que estão dispostos a enfrentar e superar os obstáculos que os afastam da união com seu Ser Divino. Em essência, a Roda da Fortuna trabalha de modo muito parecido. Ela está lá para ser conquistada, mas com muito esforço. Nesse sentido, um fato se torna muito claro: existe sempre uma bênção divina oculta na Roda da Fortuna. A habilidade de um indivíduo para receber essa bênção depende totalmente se sua vida está ou não focalizada para os ideais mais elevados. Se não estiver, então ele é desviado pelas distrações momentâneas de coisas que parecem mais agradáveis e mais fáceis de se obter. Naturalmente, o grau dessa bênção varia em cada indivíduo. Se as expectativas são num plano material, então a Roda da Fortuna atuará materialmente; se forem espirituais, ela atuará espiritualmente. Aqueles que têm controle sobre todos os aspectos de suas vidas estão, em essência, controlando também sua Roda da Fortuna. Isso tende a limitar as possibilidades. Quando o indivíduo for capaz de acreditar que todos os fatores e circunstâncias em sua vida são destinados para o bem definitivo de sua evolução, bem como a do mundo, então ele está acrescentando possibilidades infinitas àquelas que a Roda da Fortuna pode trazer. Com essa perspectiva ele pode receber aquilo que estava além das expectativas. Um grande preparo é exigido para que tal raio luminoso entre em nossas vidas.

Nossas atitudes têm um papel muito importante em nossa perspectiva de vida. Essas atitudes são, por sua vez, uma parte e um reflexo de nossos sistemas de valores. Os valores são desenvolvidos muito cedo na vida através da influência de nossos pais. Astrologicamente, podemos ver isso através da posição do Sol, que representa o pai, e da Lua, que simboliza a mãe. À medida que a pessoa vai crescendo, começa a encontrar personagens substitutas para a autoridade e a delicadeza. Um sentido de segurança é estabelecido para equilibrá-los, bem como a outros fatores que se incluem nos sistemas de valores. Em outras palavras, à medida que se cresce, os valores mudam. Entretanto, eles realmente nunca deixam a estrutura das posições do Sol e da Lua no mapa. Enquanto esse processo de substituição encontra níveis de valores mais elevados, a harmonia interior chega mais perto dos ideais que levam à evolução. Os padrões mudam, e surge uma nova identidade, expressada através do Ascendente. O fato de essa nova identidade estar perto ou longe daquela que foi aprendida na juventude não é importante. O que interessa é se ela representa uma distorção dos ideais ou uma combinação harmoniosa dos objetivos mais profundos. Se formos fiéis a esses objetivos, então as atitudes que se desenvolvem dos sistemas de valores nos levarão à promessa da Roda da Fortuna.

A RODA DA FORTUNA: UM DETERMINANTE FOCAL

A Roda da Fortuna simboliza a maior recompensa que pode ser recebida por qualquer indivíduo, e, portanto, torna-se um ponto sensitivo e muito importante no horóscopo. Por isso, todo o mapa pode ser interpretado através dele. Nós temos possibilidade de ver de que maneiras as energias planetárias podem ser usadas para colocar o indivíduo no caminho da promessa maior. Quando isso acontece, todos os obstáculos, conflitos e tensões que aparecem no mapa podem ser vistos como instrumentos ou degraus significativos para a conquista daquele objetivo singular que trará a maior alegria ao indivíduo. O horóscopo agora adquire uma perspectiva mais ampla. Em vez de se concentrar em algum problema ou conflito particular, dirige a atenção para aquele ponto específico no mapa, onde a pessoa pode encontrar maior expressão e alegria. Como resultado, uma pessoa pode aprender como usar todas as energias planetárias, focalizando-as na área do maior desejo da Alma. Como um determinante focal, a Roda da Fortuna nos ajuda a olhar para além do que a mente concreta ou inferior percebe, e cria a perspectiva adequada para a revelação da mente superior ou intuitiva. Essa abertura permite que apareçam os verdadeiros ideais e objetivos, dando expressão à natureza essencial da Alma. A espiral está girando para dentro e para fora ao mesmo tempo.

PADRÕES E A RODA DA FORTUNA

Em mapas natais com a lua cheia, a Roda da Fortuna sempre cai na Sétima Casa, independente das casas que, na realidade, estão envolvidas. A oposição Sol/Lua sempre indica algum tipo de conflito com os pais. Um indivíduo geralmente começa a resolver o conflito depois de se casar e ter filhos. Nesse exemplo, a Roda da Fortuna na Sétima Casa indica a possível satisfação que pode surgir depois de superados os conflitos que nos dominaram por quase metade da vida.

Em outro nível, não importando se um indivíduo case ou não, a oposição Sol/Lua finalmente trará um estado de consciência muito objetivo e lúcido. A Roda da Fortuna na Sétima Casa, equilibrada pela soberania natural de Libra, dá ao indivíduo a oportunidade de ver a vida através dos olhos dos outros, bem como através da sua própria visão. A percepção da vida torna-se uma extensão *através* das percepções de outros. Finalmente, é atingido um equilíbrio entre todas as maneiras possíveis de ver e uma união de sentimento e ser, que é útil para fazer com que o indivíduo se torne o foco de energias e propósitos espirituais mais elevados.

Em horóscopos que mostram uma conjunção do Sol e da Lua, o horóscopo da lua nova, a Roda da Fortuna sempre cairá no Ascendente. Dependendo da exatidão da conjunção, a Roda pode estar a um ou dois graus da cúspide, tanto na Primeira como na Décima-Segunda Casa. A Roda da Fortuna da lua nova mostra que o indivíduo alcançará maior satisfação ao compreender a si mesmo e ao mundo através de seus próprios olhos, em vez de fazê-lo pela visão dos outros. Isso é realizado aprendendo-se a usar a conjunção Sol/Lua das maneiras mais positivas. Ao fazê-lo, somos capazes de desenvolver uma harmonia na personalidade, através da qual uma feliz unidade do ser é expressada e torna-se firmemente estabelecida. A perspectiva de vida será muito subjetiva, embora esse indivíduo possa acrescentar um frescor e uma vitalidade que vem da união do Sol e da Lua. O passado, representado pela Lua, é consumido pelo calor e luz do Sol. Agora, tudo que resta é um novo começo; um transbordar de espírito dirigido à perfeição da personalidade, como um meio para a expressão da Alma.

Quando a Lua forma uma quadratura com o Sol, a Roda da Fortuna formará esse aspecto também com o Ascendente e cairá na

Décima Casa ou na Quarta Casa — o Meio do Céu ou o Nadir. Essas cúspides angulares da Casa são supersensíveis, vêm sob a soberania natural de Saturno e da Lua, pois são governadas por Capricórnio e Câncer e significam, entre muitas coisas, um potencial latente e sua manifestação. A quadratura Sol/Lua indica tensão entre os pais. O indivíduo sente e leva isso consigo durante a vida. Assim, há uma poderosa necessidade de encontrar uma solução para essa tensão. Estabelecer harmonia com os pensamentos de um dos pais geralmente ajuda a alcançar essa solução. Uma vez que a Quarta Casa significa a mãe e a Décima Casa, o pai, a exata posição dessa parte mostra claramente se é através do pai ou da mãe que o indivíduo resolverá essa tensão. Há ocasiões, entretanto, em que um dos pais pode ser visto na casa oposta. Um exame mais minucioso do mapa indicará qual a casa que pode ser adequadamente designada para um dos pais em particular. Será essa área da vida e as maneiras pelas quais o papel dos pais é assumido pelo indivíduo que trarão a satisfação maior.

A Roda da Fortuna pode ser comparada ao carrossel da vida. Para alcançá-lo, é necessário que se pague o valor do ingresso, e o indivíduo precisa estar disposto a dar a volta. Se o aspecto entre o Sol e a Lua é harmonioso ou não, ainda assim há muito trabalho a ser feito antes que se possa experimentar um grande benefício da Roda da Fortuna.

No caso de oposição, precisamos nos desfazer do carma que permaneceu por vidas. Precisamos parar de tentar ser o centro do universo e compreender nosso minúsculo papel no grande plano. Deve haver um equilíbrio entre dar e receber, com a compreensão de que o excesso de um ou do outro é destrutivo para o propósito da objetividade completa. O indivíduo fica com um pé no passado e outro no futuro. Há o desejo por ação e o desejo de ver os outros agirem. Há o desejo de guiar e o de ser guiado; o desejo de evoluir e o de continuar o mesmo. Existe uma necessidade de possuir e uma de libertar. Não é de admirar que o indivíduo nascido na lua cheia esteja constantemente dilacerado pelos opostos. Há uma sensação de viver em dois universos ao mesmo tempo e de ver a ambos, simultaneamente. Buda (juntamente com outros mestres e seres iluminados) é um exemplo dessa oposição Sol-Lua e das recompensas finais da Roda da Fortuna na Sétima Casa. De muitas maneiras, esse aspecto representa a montanha mais alta e, como tal, a mais difícil de ser escalada. Mas a vista do alto é de tirar o fôlego.

O nascimento na lua nova pode parecer mais harmonioso para o indivíduo. Entretanto, precisamos lembrar que a Lua representa nossas reações ao meio ambiente externo. Ela também representa aquilo que um indivíduo acredita que os outros pensam a seu respcito.

Assim, essa conjunção particular torna-se extremamente difícil devido à grande autoconsciência que a pessoa precisa superar. É necessário que isso seja alcançado antes que ela possa ver a si mesma de uma forma clara, sem visualizar subjetivamente o meio ambiente externo como direta ou pessoalmente envolvido com o que ela sente e pensa. Na juventude, essa pessoa se identifica fortemente com tudo e com todos. Existe a crença de que os outros estão reparando em cada "falha" interior. Isso resulta numa tendência a reagir fortemente às circunstâncias ambientais que, na realidade, são impessoais. Esse indivíduo tem a tarefa mais difícil, que é a de se confrontar consigo mesmo, a fim de desenvolver uma identidade que dependa menos das aparências exteriores e mais do que é projetado do interior. A harmonia com os pais, que freqüentemente é exprimida pela conjunção Sol-Lua, pode não ser simplesmente um fator, como o parece na superfície. Além disso, a unidade de idéias e atitudes chega a fazer crer em harmonia, mas, na realidade, pode representar um obstáculo para a criação da identidade pessoal, da profundidade e plenitude de ser. Assim, mesmo o indivíduo muito subjetivo necessita passar pelo processo de crescimento e mudança. Ele precisa se tornar mais centrado nas esperanças do futuro e em novas idéias do que naquelas que lhe foram projetadas na infância.

Na quadratura Sol-Lua temos um quadro bem diferente. O ambicioso impulso criado pela quadratura é destinado a finalmente ser aceito pelos pais, que são representados pela casa na qual a Roda da Fortuna está situada, ou pela cúspide mais próxima. Assim, um impulso interior muito poderoso impele o indivíduo a realizações, seja para compensar as inadequações sentidas na juventude (se a Roda da Fortuna estiver na Quarta Casa) ou para superar o sentimento de estar submisso a figuras de autoridade (Décima Casa). Em ambos os casos, o esforço é menos uma questão de tentar agradar a si mesmo do que uma tentativa para provar que ele é merecedor da aceitação daqueles que são vistos como superiores. Ainda assim, mesmo com essa motivação e perspectiva, o indivíduo pode atingir grande satisfação. Isso pode se realizar caso ele reconheça e sinta que as limitações criadas pela dominância podem ser superadas através das realizações, esforços e dedicação aos ideais. Essa quadratura Sol-Lua e a posição da Roda da Fortuna simbolizam a necessidade de ficar acima de uma idéia, um princípio, uma fraqueza inata, ou uma personalidade dominante que impediu que o indivíduo alcançasse seu potencial. Somente quando a pessoa realmente começar a atingir esse potencial é que será capaz de ver *flashes* de tudo o que a Roda da Fortuna promete.

O último relacionamento principal entre o Sol e a Lua é o trígono. Esse aspecto entre as luzes significa a harmonia interna dos princípios que elas representam. Sempre que esse aspecto aparece, a Roda da Fortuna fará trígono com o Ascendente. Em muitos casos a Roda aparecerá na Quinta Casa regida por Leão ou na Nona Casa regida por Sagitário. Essas casas são respectivamente regidas pelo Sol e por Júpiter, que dão suas qualidades ao trígono: suavidade, alegria, despreocupação, confiança — a crença de que se está certo e que se "sabe" — e sorte. O trígono sempre possui essas qualidades, mesmo se não estiver situado nas casas ou signos acima mencionados.

O trígono indica a necessidade de cultivar o lado prático da natureza de fogo e, por reflexo com os signos opostos, o lado prático dos signos de ar. A parte "ativa" desse processo origina-se de Marte, regente de Áries, o signo inicial cardinal de fogo.

O trígono representa também as muitas circunstâncias fora do controle do indivíduo. O signo de Leão e a Quinta Casa têm domínio sobre a vontade. Precisamos desenvolver a força interior para lidar com circunstâncias exteriores. Se a Roda da Fortuna está na Quinta Casa, a vontade está geralmente de acordo com os princípios da sociedade estabelecida. Se a Roda estiver na Nona Casa, a mente pode estar dirigida a ideais e padrões que, embora não estejam necessariamente em conflito com princípios estabelecidos, podem, entretanto, representar um nível de aspiração não conscientemente considerada pela população como um todo. É importante lembrar, contudo, que Leão pode ser o rei filósofo e Sagitário, o tirano benevolente. Aqui, não existem regras estabelecidas. Estamos simplesmente sugerindo possíveis linhas de abordagem, e não afirmando que a Quinta Casa favorece uma natureza mais "conservadora" ou a Nona Casa, uma natureza mais liberal ou avançada. Em ambos os casos, os signos e casas são naturalmente governados por "planetas" que representam os princípios mais elevados: luz e verdade. O trígono simboliza esses dois fatores trabalhando juntos e sem obstáculos. Eles são ofertados. Se o indivíduo aprender bem as lições que são apresentadas pela vida, então a vontade e as aspirações podem ser facilmente expressadas através do Ascendente. Essa é a linha de ação do trígono — expressão fácil. O trígono Sol-Lua mostra-se através da suave demonstração da vontade e da aspiração; um futuro determinado pela harmonia com lições passadas, e ideais originados de um passado harmonioso. Algumas vezes essa expressão é quase que muito suave, e o indivíduo é tentado a deixar as coisas se escoarem, e não tomar um papel ativo ou premeditado em sua própria vida. É aqui que a importância do primeiro signo de fogo, Áries, torna-se evidente: a energia Marciana ativa, decisiva, intencional, equilibrada pela energia Libriana (Venusiana) ponderada, inteligente e precisa. O equilíbrio da tríade de fogo, simbolizada pelo trígono, dá ao indivíduo o propósito, a vontade e as aspirações que sustentam a vida e elevam o espírito.

A RODA DA FORTUNA E O HORIZONTE

A Roda da Fortuna age de maneira diversa quando aparece nos diferentes hemisférios do horóscopo.

Quando a Roda da Fortuna aparece abaixo do horizonte, a dádiva da satisfação que a pessoa experimenta é na doação. A maior alegria é alcançada através de tudo que ela dá aos outros. Quanto mais for capaz de dar, mais satisfação é capaz de sentir.

Quando a Roda da Fortuna aparece no hemisfério superior, o indivíduo está destinado a receber algum tipo de bênção dos outros. De um ponto de vista cármico, sua alma sem dúvida mereceu isso, por vidas de préstimos anteriores. O indivíduo com recompensas futuras a serem recebidas as está merecendo agora através de sua Roda da Fortuna no hemisfério inferior. Isso mostra claramente se uma pessoa está vivendo um Carma de colher ou de semear na sua vida presente. O indivíduo com a Roda da Fortuna no hemisfério inferior está plantando sementes de amor agora, a fim de receber o mesmo no futuro. Não há maior alegria do que a que sentimos com os atos de doação. O indivíduo que tem sua Roda da Fortuna no hemisfério superior está vivendo um Carma de colher, do qual está recebendo os frutos de tudo que plantou no passado, e receber com humildade e gratidão é ser verdadeiramente merecedor da dádiva.

CAPÍTULO 2

A RODA DA FORTUNA UM PONTO DE HARMONIA

Os estudos da Astrologia do signo do Sol dão muita atenção aos efeitos de signos opostos. Parece ter se tornado comumente aceito que, quando um indivíduo experimenta dificuldades para viver seu próprio signo do Sol, existe uma forte tendência para que expresse as qualidades mais negativas do signo oposto. É por essa razão que os Taurinos, que praticamente nunca perdem a paciência, são conhecidos por terem os mais explosivos acessos de raiva em todo o zodíaco. Esses raros mas poderosos acessos não são de modo algum a expressão de Touro, mas sim das qualidades mais negativas de seu oposto, Escorpião.

Cancerianos, quando magoados, são conhecidos por se fecharem, se esconderem atrás de uma parede, e literalmente não falarem a quem quer que os tenha magoado, às vezes durante meses. Esse tipo de comportamento não está, absolutamente, em harmonia com a verdadeira simpatia e sinceridade de Câncer, mas é uma das expressões negativas de seu oposto, Capricórnio.

Quando recusamos a ajuda e a generosa liderança de um interessado Leão, é quase esperado que este replique: "O. K., eu tentei, agora faça-o você mesmo." Essa atitude de aparente desistência nunca é encontrada no próprio signo de Leão. Seu principal objetivo é estar no comando, sempre. Entretanto, vendo a inutilidade de qualquer situação dada, a indiferença Aquariana assume o comando.

Da mesma maneira, podemos facilmente observar como cada signo do Sol exibirá características poderosas de seu signo oposto. Com freqüência, essas serão as características mais negativas daquele signo, porque geralmente aparecem como um resultado da resistência e da frustração que encontramos ao tentarmos ser nós mesmos. Podemos chamar a isso de "se agarrar a qualquer coisa".

Quando se trata da Roda da Fortuna, entretanto, os opostos devem ser considerados de maneira diferente. A Roda da Fortuna sempre é um ponto de harmonia. A fim de que ela trabalhe dessa maneira não se deve permitir que o signo que está em oposição atraia negativamente na direção oposta. Se permitirmos que isso aconteça, então a Roda da Fortuna não pode trabalhar como um centro harmonioso no mapa do indivíduo. Pelo contrário, ela se torna uma distorção baseada numa atração muito forte entre o signo no qual se encontra e o signo oposto. Se o indivíduo estiver disposto a aprender a expressar as qualidades mais positivas do signo oposto, então estará eliminando os obstáculos que, de outro modo, impediriam a expressão mais elevada da Roda da Fortuna.

Alegria, sorte, facilidade para atuar e o conceito de harmonia em geral não são apenas produtos da convergência de forças positivas. Isso seria somente um dos lados da moeda. Estas são, de fato, uma expressão da ausência de forças opostas. Assim, se um indivíduo experimenta dez forças positivas em sua vida, ao mesmo tempo experimenta dez unidades negativas — dez unidades opostas —, o resultado total deixará um sentimento adormecido de neutralidade. Tão logo o equilíbrio se estabeleça, seja acrescentando uma força positiva ou retirando uma força oposta, o indivíduo começa a sentir mais alegria. Por outro lado, se o equilíbrio se inclinar em outra direção por se retirar uma força positiva ou se acrescentar uma força oposta, o indivíduo começa a perder sua sensação de alegria. A fim de compreender como um indivíduo alcança sua maior felicidade, todo o conceito de alegria precisa ser visto como o que parece ser um ponto descentralizado num espectro de forças positivas e negativas. Tão descentralizada como pareça ser a completa experiência positiva de alegria, ela é de fato o verdadeiro centro de nosso ser.

O mundo parece estar ocupado por forças positivas e negativas se expressando como circunstâncias desejáveis ou indesejáveis com as quais cada pessoa precisa lidar. É importante perceber aqui que todos precisamos lidar com essas forças, com nosso verdadeiro centro do ser. O presente estado de evolução (e consciência) dado ao homem nunca é o mesmo para duas pessoas. É aí que está o trabalho a ser feito — em nosso ser. Precisamos ao mesmo tempo trabalhar em nosso conhecimento. Assim, no tempo presente, apenas a Divindade experimenta o equilíbrio, a neutralidade das milhões de forças aparentemente opostas, boas ou más, positivas ou negativas, desejáveis ou indesejáveis. Em nosso nível humano somos, cada um, uma pequena parte do todo Divino. O centro do ser de cada um de nós, embora parecendo estar afastado do verdadeiro centro do ser universal que apenas Deus é capaz de ver, entretanto é capaz de experimentar a alegria divina de uma maneira muito singular.

Se cada indivíduo procurar sua alegria usando o Sol, a Lua e o Ascendente das maneiras mais positivas, tentando não ofender, ferir ou criar negativamente com as pessoas e circunstâncias representadas pelo signo ou pela casa opostos à sua Roda da Fortuna, torna-se óbvio que, aos olhos de Deus, o mundo experimenta uma evolução positiva. Se, por outro lado, cada indivíduo procurar a alegria através do uso harmonioso mais positivo do seu Sol, Lua e Ascendente, mas *não se entregar* para as pessoas, circunstâncias e eventos simbolizados pela casa e pelo signo opostos à sua Roda de Fortuna, então, aos olhos de Deus, o mundo experimenta o caos.

A Roda da Fortuna sempre tem uma qualidade divina que está além dos esforços pessoais, crenças e sentimentos de felicidade do indivíduo. Portanto, é importante que, na procura do indivíduo por aquilo que é melhor para si, ele não desrespeite o que é essencialmente melhor para a evolução da sociedade na qual ele tem uma parte. Por essa razão, todos os fatores que se opõem ao florescer da Roda da Fortuna de um indivíduo precisam ser tratados do modo mais positivo possível. A resposta a tudo isso está em nossa habilidade em sermos completamente impessoais com todos esses fatores, circunstâncias e eventos que se encontram na casa e no signo em oposição à Roda da Fortuna. Esses fatores são mundiais ou universais e podem facilmente nos desviar do caminho específico que trará a maior alegria. Precisamos aprender a aceitar esses fatores e lidar com eles nos caminhos que levam à evolução do mundo para que não apenas cooperemos com a bondade divina, mas para que, ao mesmo tempo, permaneçamos impessoais a todos estes elementos que parecem se opor ao sentimento pessoal de alegria.

O indivíduo enfrenta seu ser impessoal na casa ou no signo oposto à Roda da Fortuna. Isso tende a criar uma forte tendência a modificar as atitudes e os padrões de comportamento dos outros. Aqui, começamos a compreender a parte de nós mesmos que não é pessoal, mas que, pelo contrário, reflete o papel que temos no plano superior. Se nessa área expressamos amor, compreensão e sabedoria, que nos são dados por Deus, estamos satisfazendo uma obrigação para com o Criador. Quanto melhor formos capazes de fazê-lo, mais nos será permitido experimentar a Roda da Fortuna. Nessa abordagem existe uma eliminação de todas as forças negativas do ser pessoal através do reconhecimento e expressão daquela parte de nós que foi destinada por Deus, o Ser Impessoal. O sentimento pessoal de alegria, tal como encontrado na Roda da Fortuna, e nosso sentimento impessoal de alegria, encontrado na expressão de um aspecto mais universal do "eu" através do signo oposto, podem estar em harmonia entre si, ao invés de estarem em conflito.

O grau exato e o signo oposto à Roda da Fortuna, através dos quais cada um de nós experimenta uma parte da realidade universal, eu chamo de Parte da Consciência Impessoal — o símbolo ₵ , tal como é indicado nos mapas no capítulo 7. Quando um indivíduo está satisfazendo sua Parte da Consciência Impessoal, a oferta e suporte recebido desta área do mapa tornam-se muito abundantes. Ela não somente começa a afastar os obstáculos, que de outro modo impediriam que experimentássemos os grandes benefícios da Roda da Fortuna, como de fato dá o senso de perspectiva correto através do qual podemos sentir uma grande alegria pessoal. Ao mesmo tempo, ela nos permite saber que somos uma parte integrante do todo cósmico.

Que um homem considere Deus como alguma divindade muito afastada e nebulosa, ou como a soma total da realidade cósmica perceptível, pouco importa aqui. O que realmente interessa é que o sentimento pessoal de boa sorte ou de alegria de um indivíduo é impossível sem que sinta a coperação de algum poder mais elevado. Seja esse poder mais elevado alguma coisa infinita na qual acreditamos, ou a fonte de um universo perfeitamente equilibrado, ou simplesmente aquilo que nos sintoniza com as forças naturais acima do controle pessoal, não há dúvida de que no reconhecimento e na cooperação com essa força está todo o potencial para se experimentar grande felicidade, e a compreensão de como nossa vida é uma parte que flui do rio de toda vida.

CAPÍTULO 3

A RODA DA FORTUNA NAS CASAS

⊗ NA PRIMEIRA CASA

Aqui o indivíduo receberá seus maiores benefícios da vida depois que tiver aprendido a ser puramente subjetivo, não apenas a respeito de si mesmo, mas em sua perspectiva do mundo em geral. O conceito de consciência subjetiva geralmente é visto de maneira negativa quando comparado a uma percepção objetiva da realidade. Entretanto, para o indivíduo com a Roda da Fortuna na Primeira Casa, a habilidade de olhar para si mesmo e para seu mundo exclusivamente através dos próprios olhos é o que lhe trará as maiores realizações. A idéia de realização em qualquer área da vida é baseada na habilidade em concentrar energia numa única direção, sem desvios. A fim de conseguir isso, uma perspectiva muito subjetiva e dirigida a respeito da vida precisa ser desenvolvida. Quando o indivíduo aprende que tudo vem dele mesmo, será menos dependente da visão que os outros têm de si e de seu trabalho.

Quando a Roda da Fortuna aparece na Primeira Casa, existe uma forte probabilidade de que o Sol e a Lua estejam em conjunção no horóscopo. Nos casos em que isso acontece, torna-se óbvio quão importante é para o indivíduo fazer com que o poder de ambos os astros trabalhem em conjunto para que ele possa ver a si mesmo como o centro de sua vida, lutando finalmente para se tornar completo. O resto do mundo com o qual ele está em contato ficará, então, em harmonia com suas próprias metas e ambições. É importante para essa pessoa dirigir sua vida por um curso significativo. Ela não receberá muita ajuda dos outros, a menos que peça. Embora em seu pedido enfraqueça os benefícios de sua Roda da Fortuna na Primeira Casa, por depender menos do poder do ser harmonioso que é capaz de desenvolver. Sua maior ventura ocorre quando está mostrando independência e auto-suficiência. Sejam quais forem as metas e ambições que alcançar na vida, não importando quão grandes elas pareçam, no final serão secundárias se comparadas a tudo que chega a compreender ao descobrir a si mesmo.

Se o indivíduo ganhar um bilhete de loteria, isso acontecerá quando estiver sozinho. Se receber uma promoção no trabalho, não será baseada nos esforços de mais ninguém. Se por acaso fizer um feliz achado numa loja de antigüidades, não será porque alguém lhe disse que aquele era o lugar aonde deveria ir. Ele encontrará seu próprio e particular pote de ouro desde que esteja disposto a alcançá-lo por si mesmo.

Ao se esforçar para consegui-lo, ele descobrirá que sua natureza altamente competitiva trabalha melhor quando tenta superar sucessos passados, em vez de competir com forças, pessoas ou projetos fora de si mesmo. Isso apenas dispersa o foco e dissipa energias.

Com essa posição particular da Roda da Fortuna, a aparência pessoal torna-se muito importante. Assim, quanto melhor o indivíduo puder aprender a agradar os outros através de uma aparência harmoniosa, uma personalidade gentil, dócil, e a disposição de não agitar a vida de outras pessoas, mais espaço os outros lhe darão.

Como a Parte da Consciência Impessoal (CI) cai na Sétima Casa, essa pessoa precisa ter uma abordagem impessoal e espiritual com respeito ao casamento e todos os assuntos nos quais haja negócios com outras pessoas. Ela saberá suas verdades mais elevadas quando estiver na companhia dos outros. As pessoas agirão como agentes para sua revelação interior. Se essa pessoa for capaz de aplicar tais realizações ou verdades em si mesma, elas finalmente ganharão grande controle sobre o "ego" limitado. Compreender uma forma de "altruísmo" lhe permite experimentar uma liberdade de natureza superior; aquela na qual as necessidades pessoais e as dos outros perdem a característica do isolamento. O "ego" limitado torna-se servo do ser superior, que é o mesmo para todos. Enquanto esse domínio aumenta, ela experimenta a alegria da real auto-satisfação.

⊗ NA SEGUNDA CASA

Aqui o indivíduo alcançará seu pote de ouro ao descobrir em primeiro lugar o que é de real valor para si. Ele precisa construir bases sólidas para que, enquanto os anos passam, ele se torne mais e mais certo de onde se situa. Inalterado pelos ventos de mudanças, ele procura construir substâncias para si mesmo e para os outros, que finalmente dará um significado mais rico à existência.

O dinheiro e as coisas que este pode comprar são de extrema importância para ele, mas apenas enquanto suas posses reflitam seus reais valores. Aprendendo o que é útil e o que não é, ele finalmente chega a compreender que não há mal em se possuir coisas úteis. O mal está na ligação a coisas que não são mais úteis.

Esse indivíduo pode ter muita sorte com dinheiro em esforços que refletem seus sinceros valores. Ao mesmo tempo, ele experimentará justamente o efeito oposto quando tentar conseguir ou possuir qualquer coisa que não reflita seus valores mais elevados.

A parte impessoal de si mesmo, simbolizada pela Parte da Consciência Impessoal (CI) caindo na Oitava Casa, experimenta os valores dos outros. Ele tende a absorver esses valores até o ponto em que precisa aprender a discriminar entre seus próprios valores e os dos outros.

A maior fraqueza dessa posição vem quando o indivíduo permite ser dominado pela absorção (ou reflexo) dos valores sexuais de outros. A maior felicidade virá quando conseguir uma firmeza interior que não se altere pelos desvios de companheiros, bem como da sociedade. A riqueza que é constantemente procurada finalmente virá na forma de um princípio através do qual ele terá aprendido a guiar sua própria vida. Tão forte quanto esse princípio possa ser, deve-se permitir que as outras pessoas encontrem suas próprias regras. Por ter procurado o princípio central da existência pessoal por tanto tempo, o fato de encontrá-lo já o faz desejar dá-lo aos outros. Haverá tentativas nesse sentido, mas é preciso aprender que, nas ocasiões em que o ouvinte não está ouvindo, a pessoa que está falando freqüentemente torna-se enfraquecida e perde seu próprio quadro de referência. O que é certo para si, pode ser também para todo o mundo, mas é vital lembrar que, ao tentar dar para aqueles que são incapazes de aceitar, há a chance de se perder de vista o objetivo.

Através da Parte da Consciência Impessoal na Oitava Casa, essa pessoa precisa aprender a ver os valores do mundo de maneira imparcial. Ela não precisa concordar com tudo o que vê; precisa aceitar a validade das crenças e opiniões que são contrárias às suas, compreendendo que elas, na realidade, não ameaçam a segurança encontrada em suas próprias crenças. Deve-se permitir que o mundo continue em seu curso.

Quando essa perspectiva é alcançada, descobrimos que toda hipocrisia no mundo tem pouco efeito na felicidade pessoal. A dualidade é relativa. É importante que vejamos a suposta dualidade para que ela possa ser resolvida. Nesse ponto devemos finalmente compreender a diferença entre o que é e o que não é pessoalmente significativo.

É interessante notar que enquanto a Roda da Fortuna na Segunda Casa envolve a construção da substância, a CI na Oitava Casa envolve a destruição dos falsos aspectos dessa substância. Essas substâncias podem ser físicas ou mentais. A CI nessa casa mostrará os valores que acrescentam muito pouco à construção da substância da felicidade pessoal. Esse indivíduo perceberá a relutância dos amigos e conhecidos em mudarem e como resultado experimenta muitos conflitos com as pessoas. Haverá a perda de amizades devido às diferenças fundamentais de valores. Ainda assim, nessa perda, ele estará expressando uma parte importante da natureza divina. O poderoso exemplo dessa pessoa é capaz de ensinar a importância de defender princípios significativos. Quando ela é capaz de se tornar verdadeiramente impessoal com relação às experiências da Oitava Casa, esses conflitos são minimizados. Eles não mais interferem na construção da felicidade pessoal através da Roda da Fortuna na Segunda Casa. Assim, essa posição da CI mostra quais os blocos de construção que se ajustam em nossa própria estrutura, e quais se ajustam nas estruturas dos outros. Isso desenvolve uma habilidade para ver o que é pessoalmente significativo e necessário.

⊗ NA TERCEIRA CASA

Aqui as alegrias da comunicação através dos relacionamentos trarão a maior satisfação. Essa pessoa procura ser compreendida pelos outros com muita seriedade. A linguagem e o uso de palavras são muito importantes e ela tenta compreender como os outros pensam e vêem as coisas, a fim de desenvolver uma perspectiva maior em sua própria opinião. Quanto mais claramente ela é capaz de ver os relacionamentos entre pessoas e coisas em sua vida, melhor desenvolve sua habilidade para pensar. A habilidade dessa pessoa para pensar claramente é o que irá trazer afinal a maior ventura. Existe uma constante procura para purificar as percepções e grande alegria ao ensinar os outros como fazer o mesmo. Essa pessoa adora trocar idéias — isso dá uma sensação de crescimento e segurança. Aqui a segurança é baseada no pensamento e não nas coisas materiais.

A Parte da Consciência Impessoal na Nona Casa cria uma experiência única com relação à consciência individual. Aqui há uma expressão impessoal de idéias cósmicas, divinas, através da mente superior. Embora grandes alegrias na vida venham das idéias de um homem tal como expressadas através da mente inferior ou concreta. Até que percebamos a diferença e a relação entre a verdadeira mente pessoal inferior e a mente impessoal superior, experimentados conflitos.

Não há dúvida que essa pessoa vê uma consciência superior como mais desejável. Entretanto, até agora, ela é incapaz de vivê-la. Ela é uma professora nata, de idéias e ideais que estão bem além da compreensão normal. Assim, ela precisa aprender a diferença entre a presença de ideais como marcos para a humanidade, e a realidade na qual eles precisam ser vividos. Esses ideais elevados estão constantemente se impondo a ela. Se puder aceitar a sua sabedoria e aplicá-la em sua própria vida, então todos seus relacionamentos (que são baseados em sua habilidade para se comunicar) se aperfeiçoarão. Então, uma grande alegria será sentida, apenas por estar com as pessoas. Isso acontece porque ela tem algo importante a dizer. Ela precisa aprender a não ser juiz, pois os ideais que sente através da CI na Nona Casa freqüentemente são tão difíceis para os outros executarem quanto o são para si mesma. Assim, enquanto lhe é importante apresentar suas idéias para o mundo, é igualmente importante para sua própria felicidade não impor essas idéias àqueles que talvez não estejam dispostos a aceitá-las. Impaciente por natureza, ela precisa aprender a esperar por aquele momento especial que torna possível o ensino verdadeiro. Uma idéia expressada de maneira única, de modo a acender a tocha da compreensão em outro, lhe dá a felicidade de saber-se útil. Ela aprende a compreender que a sociedade precisa de suas idéias, e que quanto melhor puder expressar idéias divinas de maneira puramente impessoal mais aceitação obterá.

Tendo absorvido muitos pensamentos diferentes em religião, filosofia e atitudes com respeito à vida através da CI na Nova Casa, ela é mais feliz quando vê as verdades mais elevadas ultrapassarem as barreiras mentais que mantêm as pessoas separadas. Muitas pessoas com a Roda da Fortuna na Terceira Casa tendem a estudar religiões diferentes, assuntos espirituais e étnicos. Como resultado, seus relacionamentos pessoais são dificultados por uma perspectiva unilateral. Um dos pré-requisitos para a compreensão é a imparcialidade que vem da habilidade de se considerar todos os aspectos de uma situação. Assim, pela habilidade de levar uma compreensão mais elevada para todos os relacionamentos humanos, o indivíduo com a Roda da Fortuna na Terceira Casa pode sentir grande felicidade através de todos que encontra.

⊗ NA QUARTA CASA

Aqui o indivíduo alcançará sua maior alegria ao nutrir os princípios da vida. Pode ser da vida humana, de plantas, de animais de estimação, o nascimento de idéias ou o início de projetos que precisam de cuidados especiais para se desenvolverem. Aqui existe uma grande satisfação em dar. A sensação de inteireza que a Roda da Fortuna oferece vem ao sentir o quanto ele é necessário. Ao fazer todas estas coisas, o indivíduo está procurando estabelecer suas raízes. Existe uma ânsia para construir uma base emocional que seja suficientemente forte para sustentar um crescimento futuro.

Através da Parte da Consciência Impessoal, ele precisa aprender que as coisas levam tempo para amadurecerem. Há uma tendência muito forte para querer colher antes que as sementes tenham sido plantadas. Assim, a pessoa precisa aprender a compreender que o homem estabelece metas para que sua vida tenha um propósito e uma direção enriquecidos. Ela não pode permitir que a projeção de cada meta acabe por lhe dar a ilusão de que alguma coisa realmente foi realizada. Assim, os maiores sentimentos de realização que irão acompanhar o encontro de cada meta, enquanto imaginados com a própria meta, precisam ser vistos realisticamente como não atingíveis até que as sementes tenham sido plantadas. Para a pessoa com a Roda da Fortuna na Quarta Casa, a grande alegria não está tanto na realização final quanto em dar os primeiros passos firmes de cada viagem.

A fim de ver sua Parte da Consciência Impessoal na Décima Casa na perspectiva certa, essa pessoa precisa reconhecer e compreender a necessidade de uma ordem estabelecida no mundo. Ela precisa ser capaz de ver a estrutura da sociedade em que vive, mas não deixar que sua dimensão e sua natureza cristalizada forcem seus sentimentos a respeito dos começos muito importantes, embora aparentemente insignificantes, que ela faz. É dos seus começos que toda estrutura finalmente se desenvolverá. Assim, ela deve ver a estrutura, a força e o poder da sociedade estabelecida como aquilo que dá ao mundo a sua forma. Ela não deve se identificar com essa forma, pois, se o fizer, perderá seu propósito.

Para essa pessoa, o pote de ouro está realmente no começo do arco-íris. O fazendeiro não sabe quais das sementes plantadas irão crescer, embora cuide de cada uma delas igualmente; cuidar está em sua natureza. Com essa atenção, as sementes brotam e criam raízes. É aqui que o indivíduo encontra sua maior alegria; aquela que, se for pessoalmente capaz de cuidar e alimentar, lhe dará um senso de identidade com a fonte da criação.

Ao expressar a Parte da Consciência Impessoal na Décima Casa, o indivíduo deve se confrontar e lidar com todos os aspectos do mundo material — e ele os conhece bem. É importante que ele aceite isso, pois esses fatores exercem grande influência no resultado final de tudo que começa, e, num sentido impessoal, simbolizam a conclusão de todos os começos no mundo. É aqui que ele vê a responsabilidade do homem com o homem. Se for capaz de encontrar suas responsabilidades impessoalmente, nunca perderá seu sentimento de segurança.

Essa pessoa recebe grande alegria sendo natural, enquanto não ofender ou for ofendido pelo mundo aparentemente maleável. Aqui ela precisa ser dócil e flexível e, ao mesmo tempo, não perturbar o que é frágil e insensível. Em grande harmonia com a terra e com os caminhos da natureza, essa pessoa tenta ensinar aos outros sobre ecologia e preservação das origens das coisas. Quanto mais perto permanecer da raiz da existência, mais felicidade ela sente. Uma grande alegria vem também de um senso de naturalidade, embora precise aprender a aceitar o que parece ser artificial. Para alguns, essa posição significa grande satisfação através de um dos pais ou de ficar próximo à sua herança ou linhagem. Para outros, significa a proteção, a segurança e a satisfação de estar em contato com as verdadeiras raízes de suas almas. Em qualquer nível que o indivíduo escolha procurar sua Roda da Fortuna ele realizará sua maior alegria quando não permitir que o "ego" do mundo, que sente através da CI na Décima Casa, interfira com a essência verdadeira de si mesmo que sente fluir, respirar e crescer como uma criança da natureza.

⊗ NA QUINTA CASA

Aqui o indivíduo sente sua maior alegria quando envolvido num ato de criação. Seja isso expressado como um talento particular, ou simplesmente como uma maneira de participar na vida, ele é capaz de se identificar pessoalmente com tudo que cria. Assim, não somente tudo que faz é um produto de si mesmo, como ele, por sua vez, torna-se o produto de tudo que faz. Ele possui a grande habilidade de tornar seus sonhos em realidade. A realidade em que vive é, em grande parte, de sua própria criação.

A Parte da Consciência Impessoal na Décima Primeira Casa imagina a realidade ideal. É a partir desse ideal que precisamos criar. Assim, se os ideais são muito inferiores, demasiadamente dispersos pela influência de amigos cujos ideais são insípidos, então a habilidade de criar é diminuída. Se, por outro lado, o círculo de amigos estimula as esperanças, sonhos e desejos e os impele ligeiramente para além de seus alcance — mas ainda na esfera da imaginação —, então a criativa Roda da Fortuna na Quinta Casa é intensificada. Para que essa pessoa alcance sua maior felicidade, ela deve não apenas ser discriminativa com as pessoas que escolhe para amigos — eles têm o poder de ser a inspiração ou a destruição da alegria —, mas precisa também ser seletiva nos sonhos que escolhe para sonhar. Há um velho ditado que diz: "Tenha cuidado com o que deseja, pois você pode consegui-lo." Nunca foram ditas palavras tão verdadeiras para o indivíduo com a Roda da Fortuna na Quinta Casa.

Até que essa pessoa aprenda a escolher todas as suas amizades impessoalmente, e a ver seus sonhos simplesmente como uma coleção de símbolos do inconsciente universal, ela sente muita influência da Décima-Primeira Casa em seu processo criativo. Isso pode dispersar suas habilidades, por fazê-la acreditar mais no sonho do que na própria realização. Como essa pessoa procura a expressão total, precisa aprender que o tempo é um trunfo valioso. Embora possa desejar o luxo do sonho, precisa perceber que este dilui seu impulso criativo.

A Parte da Consciência Impessoal na Décima-Primeira Casa pode ser usada para receber novas idéias, mas não deve se identificar com elas a menos que se encaixem numa produção criativa. É importante lembrar que toda criação é 1% de inspiração e 99% de transpiração. Há uma grande diferença entre saber que podemos fazer alguma coisa e realmente fazê-la.

Se a CI na Décima-Primeira Casa for usada corretamente, uma grande beleza pode ser experimentada, pois é aqui que se vê os sonhos desejados pelo Homem. Permanecendo impessoal, o indivíduo se torna parte do processo do sonho na consciência universal. Aqui também pode haver um idealismo nas amizades que não parece ser encontrado em nenhuma realidade, ainda que aja como uma grande fonte de inspiração. Os amigos admiram essa pessoa e dessa admiração ela pode tirar grande inspiração para criar através da Roda da Fortuna na Quinta Casa.

Geralmente existe uma grande sabedoria na CI na Décima-Primeira Casa, mas a dádiva não é para ser usada apenas para tagarelar. Quanto mais se fala a respeito de tudo que se pretende criar, menos vontade e energia se tem à disposição. Essa pessoa compreende a necessidade de sonhadores no mundo. Na realidade, ela os encoraja. Ela sabe que os sonhadores é que são a fonte invisível da criação. Há também uma compreensão do conceito de não envolvimento e desprendimento, embora a maior alegria e felicidade para essa pessoa venham do fato de ser profunda e intensamente envolvida em tudo que é capaz de criar.

Muitas pessoas com essa posição experimentarão suas maiores alegrias através de suas notáveis criações, seja nas artes, na literatura, teatro ou através de uma criança muito especial. Esse indivíduo sempre serve à humanidade ao absorver os sonhos que as pessoas não sabem como usar, escolhendo-os e aplicando o que foi aprendido em sua criação pessoal. Ele descobrirá que muitas pessoas parecem não ter a vontade para fazer o que imaginam. Se ele tentar inspirá-las com sua própria vontade, sentindo que elas deveriam estar mais envolvidas, criará oposições para si mesmo.

Há um grande espectro de experiência na consciência universal. Para a pessoa criativa não há maior alegria do que uma vida ativa de fazer, ser e tornar-se. Através do processo de imitação ela sente-se mais perto do Criador, embora esse indivíduo possa também entender seu desligamento verdadeiro dos eventos e circunstâncias, novamente refletindo o Criador. Essa é a alegria especial dada pela Roda da Fortuna na Quinta Casa.

⊗ NA SEXTA CASA

Essa posição traz muita felicidade através do trabalho. A pessoa satisfaz a si mesma através do uso cuidadoso de seu tempo e energia. Ela vê como os outros escapam de volta para seus passados meditando sobre situações que já tinham sido resolvidas, e é capaz de se manter acima da desordem da emoção negativa, por ter uma natureza muito ativa que está sempre servindo e realizando. Ela sabe como permanecer no momento presente. Isso é feito cuidando dos detalhes que a maioria das pessoas ignora ou despreza, pensando que de algum modo eles desaparecerão. Ela não permite que as coisas se acumulem a ponto de interferirem na experiência da alegria. Sente uma grande satisfação através da sistematização de sua vida; procura organizá-la para que funcione como uma máquina bem lubrificada. Quanto mais faz isso, mais sente que está participando da arena central da existência.

Através da Parte da Consciência Impessoal na Décima-Segunda Casa essa pessoa experimenta as necessidades internas do Homem. Há uma sensibilidade às forças da criação, mas é importante aprender a trabalhar com essas forças em vez de permanecer um observador estritamente passivo. Existe também um sentimento de obrigação para com a sociedade, pois através da Décima-Segunda Casa ela pode ser profundamente piedosa. Ainda assim, precisa fazer alguma coisa com essa compaixão, senão ela se transforma em sofrimento.

Aqui, atividade é a palavra-chave para a felicidade. Conhecendo o infinito, ela precisa funcionar no mundo finito, onde as habilidades podem ser melhor aplicadas. De todas as posições do zodíaco, a pessoa com a Roda da Fortuna aqui localizada sabe melhor como fazer as coisas. Através de uma grande compreensão de como as coisas trabalham, juntamente com uma habilidade para ver o todo infinito através da Décima-Segunda Casa, existe um poderoso potencial para a ação correta.

Essa pessoa é mais feliz quando aquilo que escolhe fazer leva à satisfação de uma necessidade pessoal para outra pessoa. Para alguns, o conceito de serviço e trabalho significa uma existência mundana e aborrecida. A pessoa com a Roda da Fortuna na Sexta Casa, entretanto, se harmoniza melhor com o centro de seu ser quando sabe que está funcionando bem com relação ao seu potencial. Isso lhe traz grande alegria.

A Roda da Fortuna na Sexta Casa tem a tendência a fazer a pessoa gastar sua juventude remoendo pensamentos na Décima-Segunda Casa. Então, percebe que tudo que lá é sentido não é realmente pessoal, mas simplesmente uma habilidade de experimentar e refletir negatividade, bem como o que é positivo, universal e infinito. Aqui, ela atua melhor quando não pensa a respeito da maior realidade cósmica, além daquela que pode ser percebida com os cinco sentidos. É durante esse tempo que essa pessoa está em maior harmonia com o universo. Se passar seu tempo tentando se harmonizar com as forças cósmicas, atingirá exatamente o oposto. Por outro lado, se a vida for dedicada ao aperfeiçoamento das habilidades naturais, então o universo começa a cooperar e há uma grande manifestação de alegria.

⊗ NA SÉTIMA CASA

Aqui, a maior alegria do indivíduo vem através dos outros. Essa é uma das posições mais singulares e espirituais para a Roda da Fortuna porque a Parte da Consciência Impessoal cai na Primeira Casa, da auto-identidade. O indivíduo está vivendo uma identidade impessoal que se torna pessoal somente quando ele está na presença dos outros. Ele está constantemente procurando a união, seja através do casamento, das amizades ou de sociedades. Essas e outras formas de relacionamento o levam a quase experimentar a identidade pessoal de outra pessoa. Ele sempre vê mais alegria nos outros do que é capaz de ver em si mesmo. Como resultado, tem uma grande tendência a tornar os outros mais conscientes das próprias felicidades pessoais.

De muitas maneiras ele é um servo, pois expressa Deus através de si mesmo. Assim, está verdadeiramente vivendo uma identidade impessoal, pois tudo que deseja é para o bem dos outros. Ele é capaz de sentir as necessidades das outras pessoas e motivá-las a se satisfazerem. A alegria lhe é dada pelo crescimento dos outros.

Uma vez que sua própria identidade não está num nível puramente pessoal, ele tem a habilidade de olhar o mundo objetivamente. Ele estuda ação e reação, causa e efeito, e está profundamente preocupado com a maneira como as pessoas se relacionam umas com as outras. Um dia, portanto, saberá como combinar esses fatores que Deus planejou para o homem para que sejam a experiência de uma união perfeita. Ele sacrificará muito de si mesmo para alcançar essa união, e, quando isso for realizado, saberá que o amor que recebe é muito mais rico e profundo do que aquele que é sentido pela maior parte das pessoas.

Num nível inconsciente ele se preocupa com os outros, mais do que eles mesmos. Ele procura preencher as lacunas nas vidas de outras pessoas, freqüentemente tentando suavizar e atenuar seus traumas e problemas; entretanto, tem dificuldade para saber o que realmente deseja para si mesmo, e o curso no qual finalmente dirigirá seu navio lhe será mostrado através de outras pessoas.

Durante a juventude, essa pessoa é muito facilmente influenciada pelas forças externas para realmente saber para onde se dirige. Assim que for capaz de encontrar, compreender e aceitar seu ser impessoal é formada uma união nos planos interiores, que se torna o fator mais importante e gratificante em sua vida, trazendo a maior alegria.

Uma vez que a sorte e o sucesso sempre virão em sua vida através das pessoas, esse indivíduo é um dos poucos que é mais feliz quando tudo que faz e pensa é dedicado a agradar as pessoas que ama. Esse é o sincero desejo da alma e tem precedência sôbre todos os outros desejos que o equilíbrio do mapa possa indicar.

A falta de uma união pessoal com outra pessoa provoca desarmonia e uma sensação de falta de objetivo, direção e significado na vida. Ao dar, ele recebe sua maior alegria; procurando receber, ele se torna mais consciente de que não é completo. Isso vem da identificação com o ser pessoal.

⊗ NA OITAVA CASA

Esse indivíduo alcançará sua maior alegria através do que lhe é concedido pelos outros. Aqui os sistemas de valores que estão aparentemente além da estrutura pessoal finalmente se mostram como sendo os melhores. Continuamente lhe é mostrado "um outro caminho" e a cada vez que existe uma abertura para tentar outra direção surgem descobertas novas, pessoais. Esse indivíduo examina os valores dos outros, desejando saber o que é que as outras pessoas valorizam tanto. Quanto mais puder descobrir e aplicar esses valores externos à sua vida pessoal, mais rica sua experiência se torna. Seus próprios valores, particularmente os que parecem ter sobrevivido sua utilidade, podem ser reexaminados e receberem nova vida e significado, tendo em mente esses estímulos externos. Essa pessoa agora aprende a grande virtude da flexibilidade.

A fim de não impedir esse crescimento, ela deve permitir que a Parte da Consciência Impessoal na Segunda Casa mostre que todos os valores que acreditava serem pessoais não são seus. Pelo contrário, eles são uma expressão impessoal da natureza do desejo de conseguir e possuir. A polaridade da Segunda/Oitava Casa é um poderoso cabo-de-guerra entre o que ela precisa agarrar e o que precisa largar. As posses mais queridas para esse indivíduo deveriam ser valores reais e duradouros; aquilo que superou sua utilidade e sentido deve ser largado. Essa não é uma lição fácil de ser aprendida.

Através da Roda da Fortuna na Oitava Casa, as pessoas na sua vida lhe mostram todas as coisas que o oprimem, bem como os valores que transcendem as qualidades temporárias dos desejos momentâneos. Tudo que não tem valor será destruído por aqueles que o amam, deixando espaço para a Parte da Consciência Impessoal na Segunda Casa expressar os valores reais e as posses que a natureza divina planejou para o homem.

Talvez mais do que em qualquer outra posição zodiacal, esse indivíduo precisa renunciar a muito do seu "ego" a fim de que a Roda da Fortuna na Oitava Casa trabalhe para seu maior benefício. Ele está procurando uma herança pessoal. Quer ela venha na forma de dinheiro, idéias, novos valores, enriquecimento da sexualidade ou a satisfação consciente da essência do seu ser, ele precisa chegar a compreender que não é uma ilha em si mesmo.

Uma vez que maior sucesso pessoal sempre virá através de outra pessoa, ele precisa aprender a humildade e saber que os valores que escolhe para expressar podem finalmente ser menos valiosos do que aqueles que lhe são dados pelos outros. Por essa razão ele não deve ser possessivo de seus próprios valores. Pelo contrário, deve permitir a si mesmo abrir-se para o fluxo de sistemas de valores e idéias que parecem estranhos aos seus princípios, mas que, na realidade, lhe dão a alegria de regenerar sua alma.

⊗ NA NONA CASA

A Roda da Fortuna na Nona Casa permite que um indivíduo experimente sua maior alegria através da descoberta da verdade. Essa pessoa procura uma realidade cósmica acima da existência mundana experimentada em relacionamentos rotineiros.

A Parte da Consciência Impessoal na Terceira Casa mostra que o mundo aparentemente é cheio de pessoas falando umas com as outras, sem serem compreendidas por aqueles que parecem escutar. Aqui os significados conotativos das palavras são vistos como barreiras e distorções da verdade. Ela precisa aprender a ver isso impessoalmente e de uma maneira muito desprendida para compreender que a *idéia de dualidade é a natureza da experiência humana.* Uma vez que isso seja entendido, a comunicação verdadeira torna-se possível.

Essa pessoa freqüentemente verá ou ouvirá a si mesma expressando pensamentos que sabe que não são completamente verdadeiros. Ela precisa aprender a aceitar isso como a expressão de uma parte do que é absorvido através da experiência humana de aparente dualidade. Se deseja que a Roda da Fortuna na Nona Casa trabalhe bem, deve haver uma compreensão de que a verdade pode ser conhecida pela consciência da mentira.

Quanto mais a dualidade for experimentada e expressada, maior a necessidade por uma verdade superior que transforme a dualidade em unidade.

A Roda da Fortuna na Nona Casa cria uma forte identificação com Deus, ou alguma representação pessoal desse Deus. Indivíduos com essa posição experimentarão também uma consciência maior e a verdade universal, em harmonia com as forças da natureza. O mundo não permite isso muito freqüentemente e essa pessoa geralmente é forçada a se comunicar e a se relacionar em níveis que caem um pouco abaixo daqueles experimentados em condições ideais. O reconhecimento e a aceitação dos níveis mais mundanos de consciência, bem como um desprendimento equilibrado, conservarão a alegria e satisfarão a necessidade de se comunicar através da CI na Terceira Casa. Assim, sem desprezar os outros, essa pessoa não deve diminuir seus próprios padrões no interesse de alcançar outros que parecem ser menos cientes. Na verdade, a outra pessoa geralmente é tão ciente quanto ela, mas pode não ser tão conhecedora das sutilezas do pensamento não-dual. Em qualquer situação, é sempre melhor conservar os padrões mais elevados. Isso geralmente beneficia todos os envolvidos e eleva o nível de pensamento e existência.

A sabedoria perde muito de sua beleza inerente numa tentativa de transferi-la da mente superior para a mente concreta inferior. A montanha se eleva e o vale não pode deixar de presenciar esse fato. Se a montanha descesse até o vale, não seria mais uma montanha. Assim, o indivíduo com a Roda da Fortuna na Nona Casa, procurando as alegrias da natureza e a experiência da realidade cósmica, precisa aprender a viver e trabalhar num mundo cotidiano de idéias e pensamentos que parecem ser de menor importância. Ele deve não apenas tolerar essas idéias, mas compreender que elas, como o vale, são necessárias. O vale é o chão sobre o qual a montanha se apóia. Assim, a natureza da relatividade penetra na consciência e a mentira da dualidade torna-se clara. A independência, equilibrada pela compreensão, é a chave da alegria para esse indivíduo. Grande felicidade virá da poderosa percepção do seu relacionamento com o universo.

Há muita sorte inerente nessa posição, e a maior parte dela virá de recursos que o indivíduo descobre em si mesmo. Embora ache difícil compreender por que as pessoas se arrastam pela vida pelos caminhos mais difíceis, ele, entretanto, deve deixá-las, pois, se parar para corrigir as idéias e atitudes dos outros, pode facilmente se atolar e se privar da alegria que está esperando por ele ao longo do seu caminho singular.

Não há dúvida que ele tem muito a ensinar para os outros e que nunca parará de tentar. É somente quando se torna indiferente ao modo como seus ensinamentos são recebidos que ele realmente começa a sentir a altura e a largueza de seu conhecimento, sua verdadeira função e o valor real das pessoas. É nesse ponto que começa a vislumbrar o pote de ouro no fim do seu arco-íris.

⊗ NA DÉCIMA CASA

Um indivíduo com essa posição alcançará sua maior alegria ao realizar as metas específicas, tradicionais, que selecionou e definiu para si mesmo. Aqui há um desejo de ser aceito pela comunidade e por aqueles que estão em posições de autoridade.

Os benefícios da Roda da Fortuna na Décima Casa nunca vêm facilmente, mas precisam ser ganhos através de esforço constante. À medida que a pessoa desenvolve uma maturidade verdadeira — não apenas acrescentando anos à sua vida —, o mundo é visto sem ilusões e com grande compreensão. Isso se origina na Parte da Consciência Impessoal na Quarta Casa, que sente compaixão pelas emoções e necessidades que motivam a humanidade, enquanto ao mesmo tempo evita a armadilha da identificação com elas.

Existem aspectos negativos na Parte da Consciência Impessoal que precisam ser entendidos e transformados: emoções infantis, padrões de reações inatos e repetidos e sensibilidade aguçada, embora eles tenham opostos muito positivos na aceitação simples, aberta, feliz, na confiança e habilidade para encontrar as necessidades específicas e consciência dos sentimentos das outras pessoas. Com isso em mente é possível atuar na Décima Casa e evitar coisas como reações programadas para situações e problemas aparentemente iguais. Pelo contrário, ela se torna aberta a ações intuitivas baseadas no *insight* e na consciência impessoal. O plano emocional torna-se a chave para o mundo material. Projetos e idéias podem assim ser alimentados e levados ao fim através da Décima Casa.

A posição da Roda da Fortuna na Décima Casa pode trazer posições de responsabilidade e autoridade para um indivíduo. É interessante notar que responsabilidade e autoridade refletem nossa habilidade de cuidar e guiar outras pessoas. Esse é um benefício positivo da Parte da Consciência Impessoal na Quarta Casa e um exemplo de como nossas metas e necessidades estão diretamente ligadas às das pessoas ao nosso redor.

A Roda da Fortuna aqui pode fazer com que muitos indivíduos procurem resolver o problema de "certo" e "errado". Geralmente há um forte senso de moralidade baseado tanto na disciplina da infância como na instrução religiosa. Isso tende a restringir consideravelmente a esfera de ação do indivíduo. Num sentido positivo, entretanto, há uma forte retidão de caráter que respeita os direitos das pessoas e reconhece as obrigações pessoais e a responsabilidade.

Quando essa pessoa compreender que o certo e o errado não são absolutos, mas que variam com o tempo, o lugar e o período histórico, um grande alcance é acrescentado às suas áreas de atividade — tanto mental como no mundo físico. Desde que integridade pessoal e um senso de justiça verdadeira não sejam sacrificados, não é possível para essa pessoa ser considerada como um fracasso.

Finalmente, precisamos lembrar que a definição de nossas metas dita o certo e o errado em qualquer situação. Como foi notado, tudo que nos leva para perto da meta é certo. O que resta para ser visto, então, é que a meta precisa ser tal que se encaixe na verdadeira natureza do indivíduo.

O sentimento de alegria dessa pessoa, de saber que é um ser humano capaz, é uma grande força que cria uma aura de confiança e auto-respeito. Ela se torna um guia para aqueles que ainda estão procurando e se desenvolvendo; um exemplo digno de ser usado como tal.

⊗ NA DÉCIMA-PRIMEIRA CASA

A Décima-Primeira Casa tem sido associada à inspiração por muitos astrólogos, talvez porque seja regida por Urano, o planeta do *insight* inesperado, quase ofuscante. A Roda da Fortuna situada aqui terá a Parte da Consciência Impessoal correspondente na Quinta Casa, que é regida pelo Sol. Esse eixo Sol/Urano é criativo, inventivo, e de longo alcance em efeito e influência. A Roda da Fortuna na Décima-Primeira Casa torna-se, assim, associada a visões de beleza e desenvolvimento da humanidade e da criação. Essa é uma posição verdadeiramente única, pois esse indivíduo está ciente da evolução do homem e sente que "sabe com certeza" a meta final. Essa pessoa também é muito independente porque essa consciência o liberta dos problemas diários e dos esforços da humanidade e o eleva para o "futuro sempre presente". Quer dizer, o futuro que existe "agora mesmo",* se apenas pudéssemos vê-lo. Essa perspectiva, entretanto, não é facilmente aceita ou compreendida por muitas pessoas.

A Parte da Consciência Impessoal na Quinta Casa proporciona uma energia ilimitada que, se não dirigida, pode provocar grande inquietação. Existe um sentimento constante de que precisamos "fazer alguma coisa" ou criar alguma coisa. Isso, entretanto, nada mais é do que uma experiência intensificada do poder criativo dado ao homem como agente da criação. Se não nos identificarmos com ele como "minha necessidade" para criar, então encontraremos uma saída em quase toda ação, projeto ou relacionamento. A tendência a ser eliminada aqui é a idéia de que é *nossa* energia. É apenas energia. Encaminhada impessoalmente, é útil para todos; guardada ou utilizada de maneira avarenta, encontrará apenas dificuldade e limitação.

A Parte da Consciência Impessoal na Quinta Casa proporciona a vontade e a força para estimular e organizar pessoas ou idéias e ver a necessidade comum ou a meta que é de benefício geral. Assim, a pessoa com a Roda da Fortuna na Décima-Primeira Casa torna-se o canal para energias que serão utilizadas de maneira clara e equilibrada. Nesse caminho, projetos amplos podem ser realizados numa atmosfera de confiança e assistência mútuas.

A Décima-Primeira Casa aproxima as pessoas de mentes iguais. Assim, essa posição levará o indivíduo a ter contato com pessoas brilhantes, inteligentes, e um tanto incomuns (pelos padrões da sociedade).

Essa pessoa encontrará a ventura através de amigos que trazem alegria à sua vida e iluminam a perspectiva e a imaginação com idéias e otimismo inspirado. Ela também tenderá a gostar de sonhar a respeito do futuro da humanidade, vendo a si mesma como o catalizador e o produto daquele futuro.

O mundo tem necessidade de visionários e sonhadores. Grandes religiões foram fundadas nas visões inspiradas de indivíduos singulares. Importantes invenções vieram da mesma espécie de visão. Toda a evolução da humanidade tem sido construída sobre esses tipos de visão e sonho. Esse é o tipo de beleza que o indivíduo com a Roda da Fortuna na Décima-Primeira Casa pode experimentar. Ele não se sente encurralado pelas restrições da sociedade. Ele pode sondar as possibilidades até então inexploradas pelo mundo e compreender seu impacto na sociedade e na evolução. Ele é livre para questionar as estruturas e tradições que têm sido cegamente aceitas pelas pessoas muito agarradas às suas próprias vidas para terem tempo de olhar, ver e saber o que está lá.

---

* Veja *Astrologia Cármica IV — O Carma do Agora*, por Martin Schulman.

A excentricidade é um termo de julgamento usado por indivíduos rigorosos para as pessoas que encontram um caminho diferente. A pessoa com a Roda da Fortuna na Décima-Primeira Casa será vista como heterodoxa, radical, excêntrica ou, talvez, um pouco "estranha".

O "pote de ouro" para essa posição da Roda da Fortuna é uma sensação de maravilha e beleza e da satisfação que vem delas. O conhecimento do verdadeiro lugar do homem é um fato da vida; a responsabilidade faz com que se manifeste. A pessoa com a Roda da Fortuna na Décima-Primeira Casa torna-se alegremente e de boa vontade o canal para a verdade e a evolução de toda a humanidade e do planeta em que vive.

⊗ NA DÉCIMA SEGUNDA CASA

A Roda da Fortuna na Décima-Segunda Casa indica que uma pessoa alcançará sua maior felicidade e alegria através da harmonização com seu ser interior. Dessa maneira ela satisfaz o desejo de compreender as forças invisíveis que movem o universo. Nosso Ser interior é na realidade o mesmo que o Ser Único que é o Todo da Criação. Fora dessa única realidade, todas as realidades individuais continuam. A Roda da Fortuna na Décima-Segunda Casa dá ao indivíduo a oportunidade de descobrir a unidade dessas realidades aparentemente separadas e a verdade da existência de uma realidade única.

A Parte da Consciência Impessoal na Sexta Casa lhe dá a oportunidade de atuar no "mundo de todo dia", com suas aparentes limitações finitas, enquanto ao mesmo tempo percebendo a unidade total das circunstâncias e eventos através da Roda da Fortuna na Décima-Primeira Casa. Ele tem necessidade de ver além destas chamadas limitações e evitar se tornar identificado com ações, regras, eventos ou situações. Isso deve ser visto como necessário ao plano do Ser impessoal.

A CI na Sexta Casa dá à pessoa a habilidade de ver as partes de cada situação, como elas agem juntas e o que alcançam quando trabalham como um todo. A Roda da Fortuna na Décima-Segunda Casa dá a habilidade de ver tudo isso numa escala "cósmica" ou universal. Isso equivale a dizer que ele vê o caminho no qual conjuntos separados de circunstâncias e eventos se relacionam uns com os outros.

Assim, as atitudes negativas de colaboradores, por exemplo, podem ser superadas através da percepção de que condições negativas surgem quando egoisticamente procuramos experimentar somente condições positivas. Tanto quanto todas as situações e experiências são neutras e impessoais, negativo e positivo não existem, exceto quando os vemos como tal. Essa compreensão é a operação "correta" do eixo da Sexta/Décima-Segunda Casa. Aqui, os poderes de Mercúrio de observação e os poderes de Netuno de amor piedoso e *insight* juntam-se para transcender as experiências comuns da vida. Eventos momentâneos, sentimentos e idéias são vistos assim, como o que eles são — momentâneos e passageiros —, e a experiência de nossa vida torna-se profunda e vasta, livre dos efeitos aparentes de circunstâncias externas.

Entretanto, os benefícios da Roda da Fortuna situada aqui nem sempre são óbvios. De fato, a menos que o indivíduo verdadeiramente permita a si mesmo fluir com os eventos e as emoções e deixe-os ir sem se identificar com eles, a sutil compreensão da vida e da verdade ficará completamente perdida. A idéia de serviço e compaixão, refletida pelas Sexta e Décima-Segunda Casas, não é realmente compreendida pela maioria das pessoas. Geralmente, só as vemos dentro da experiência limitada do meu serviço ou meu sentimento de compaixão. Entretanto, existe um aspecto impessoal desses dois grandes princípios que sustentam todo o mundo criado. De fato, o Criador nos serve o tempo todo e tem por nós um amor ilimitado. Poucas pessoas experimentaram isso; menos ainda acreditam que exista.

Através da Roda da Fortuna na Décima-Segunda Casa e a Parte da Consciência Impessoal na Sexta Casa, a vontade e a visão da Roda da Fortuna na Décima-Primeira Casa e a CI na Quinta Casa são trazidas para o mundo eficientemente e com grande amor impessoal. Aqui, vemos o auge de todas as posições anteriores da Roda da Fortuna e da CI. O ciclo e a meta tornam-se visíveis e completos. A etapa é estabelecida para o próximo ciclo e uma meta superior.

Esse indivíduo tem a grande sorte de possuir "as chaves do reino", se estiver disposto a usá-las. Períodos silenciosos de meditação e solidão fazem muito para reabastecer a força e o ajudam a lembrar as grandes verdades da vida e da natureza. Seria útil se eles se tornassem uma parte habitual de sua vida.

Essa é uma posição muito especial para a Roda da Fortuna, pois traz a promessa de levar o indivíduo para mais perto de Deus. Compreender as experiências de vida no mundo exterior levará finalmente à realização da divina beleza interior de toda a vida. Quando começa a perceber a essência de tudo, ele se torna unido com a fonte da força interior. Então, flui na corrente da iluminação, banhando-se nessa luz interior que é acessível a todos.

A fim de que a Roda da Fortuna trabalhe sem obstáculos, o indivíduo não deve bloquear sua natureza infinita pensando em si mesmo, ou em sua vida, como tendo restrições finitas. A Décima-Segunda Casa tem sido chamada de casa do escapismo. Não é assim, necessariamente; é uma fuga da prisão interna na qual o homem vive, se ele experimenta a realidade limitada que não vai além daquela que é vista, sentida ou tocada como emoção pessoal. A prisão fica pior se ele satisfaz os sentidos finitos com pessoas, circunstâncias e situações que o prendem a mais pessoas e circunstâncias até que a vida seja uma sucessão aparentemente interminável de obrigações. A Décima-Segunda Casa transcende tudo isso ao dar ao indivíduo a oportunidade de saber que em sua alma ele é livre, que tudo é realmente único e que há uma verdade maior para experimentarmos. Haverá alegria maior do que atingir tal consciência? Que satisfação maior pode o homem experimentar do que saber que todas as suas verdadeiras necessidades serão providas para sempre porque ele se constitui num ser único com o grande provedor!

CAPÍTULO 4

A RODA DA FORTUNA NOS SIGNOS

A diferença entre os signos e as casas no horóscopo são tão sutis que o principiante acha difícil distinguir entre os dois. E para ser honesto, muitos astrólogos freqüentemente se confundem na pressa de fazer rápidas avaliações de um mapa natal, ficando mudos como se nunca tivessem visto o assunto com o qual estão lidando. Pode ser muito engraçado.

As casas representam as diferentes experiências de vida que todos temos que enfrentar: desenvolvimento pessoal da identidade, formação dos valores, laços familiares, casamento, sexualidade, princípios morais e religiosos, e assim por diante. Cada setor da vida expressa um padrão particular e cada um experimenta todos esses setores de maneira singular. Aqui podemos distinguir entre as casas e os signos. Os signos é que dão a qualidade de energia que será expressada. Mais corretamente, eles representam energias latentes.

Para compreender melhor as diferenças entre os signos e as casas, consideremos cada signo como um carro motorizado. Ele tem força e é capaz de levar uma pessoa a qualquer lugar que ela deseje. Ao mesmo tempo, consideremos uma casa como o mapa da estrada que mostra o caminho a ser percorrido. Assim, o signo representa o potencial para fazer, enquanto a casa mostra o que será feito com esse potencial.

Para compreendermos os signos corretamente eles devem ser vistos na sua forma mais pura — como energia. Embora seja possível dizer algumas das coisas que uma pessoa fará com a energia, isto, na realidade, é colocar limitações à liberdade que temos no horóscopo. Assim, vemos os mesmos signos em horóscopos diferentes sendo usados de muitas maneiras. O indivíduo é quem deve descobrir e usar o potencial com o qual nasceu. Como astrólogos não podemos dizer com toda certeza de que modo cada pessoa crescerá e se desenvolverá.

A Roda da Fortuna, tal como aparece em todos os signos, indica como um indivíduo pode alcançar a felicidade e a satisfação permitindo que as energias se expressem claramente. Muito freqüentemente essas forças são reprimidas ou sublimadas, resultando num bloqueio do fluxo natural, livre, da energia. Assim, enquanto enfrentamos cada experiência de vida, temos menos energia para dominar a situação. O grande potencial não é utilizado ou dirigido significativamente. É como se tivéssemos um carro com um motor grande e poderoso, mas guardado na garagem o tempo todo. Se uma pessoa está disposta a permitir que as energias do seu horóscopo se expressem, sem medo de magoar os outros, desagradando aqueles de quem acredita ser dependente ou sentindo que de algum modo parecerá diferente, então ela experimenta a riqueza da satisfação total em todas as situações com que se depara.

A posição da Roda da Fortuna mostra a área na qual o indivíduo experimenta o melhor fluxo de energia. Aprendendo a compreender e a cooperar com esse tipo de energia, satisfaz as necessidades e os desejos, não necessariamente através de nossos próprios esforços, mas certamente através da habilidade de evoluir com a qualidade particular de energia que, no fim, é a melhor.

A Parte da Consciência Impessoal representa a energia que aparentemente faz oposição ao melhor fluxo do indivíduo. Entretanto, não é como no caso anteriormente mostrado. Na realidade, essa energia, se permitida que se manifeste de maneira impessoal, finalmente ajudará e sustentará a energia da Roda da Fortuna. Forças universais, representadas pela CI, têm permissão de agirem para o "bem" de todos. O "bem" particular, tal como representado pela Roda da Fortuna, é um aspecto do bem universal. Torna-se óbvio que o bem maior abrange e trabalha pelo bem menor.

⊗ EM ÁRIES

Com essa posição o indivíduo sente a necessidade e a energia por atividade. Se fluir com isso, descobrirá que existem poucos obstáculos em seu caminho que não consiga superar. Uma coragem inata o impele para a frente, de modo que ele é capaz de transcender todas as suas dúvidas. Seus maiores êxitos vêm da compreensão de que essa energia é suficientemente forte para lhe dar a independência. Ele não precisa se entregar para os outros temendo precisar deles no futuro. O fato é que as pessoas freqüentemente não compreendem que as forças da energia de Áries estão trabalhando sob seu poderoso impulso para rejeitar as opiniões dos outros e se manter em seu próprio curso.

Contudo, através da Parte da Consciência Impessoal em Libra, esse indivíduo é capaz de compreender a natureza receptiva e passiva das pessoas e ter empatia em relação àqueles que não podem tomar decisões e agir. Ela vê que a diplomacia dos outros às vezes é uma forma de insinceridade baseada no medo de ultrapassar os próprios limites. O aspecto mais poderoso e útil da CI em Libra é o senso de harmonia e de ordem mental que permite que a Roda da Fortuna em Áries veja a direção muito claramente. Essas qualidades são um exemplo de Vênus (Libra) agindo como um canal para Marte (Áries). Muito freqüentemente, o Ariano avança a custo através dessa ordem devido a uma abordagem entusiástica da vida. Ser capaz de "se equilibrar" significa conhecer nossas habilidades e usá-las com eficiência. A CI em Libra pode mostrar como isso pode ser feito.

O "pote de ouro" no fim desse arco-íris será o que o indivíduo alcança através de seus próprios esforços, seja em forma de idéias ou de substância material. Ele não deve ter medo porque muitos livros e ensinamentos espirituais falam contra o conceito de desejo. Eles falam da ligação ao desejo e da gratificação libertina dos sentidos. Ele é uma criatura de desejos, até mesmo de desejo pela verdade, e sem esse desejo ele não seria capaz de estabelecer suas metas. Um indivíduo sem metas facilmente perde de vista sua direção na vida, tendendo a flutuar e ser influenciado pelas forças daqueles cujas vidas estão próximas a ele. Isso é o que pode acontecer com o funcionamento "negativo" da Parte da Consciência Impessoal em Libra, se o indivíduo limitar a poderosa energia Ariana.

Essa pessoa procura uma unidade de mente e vontade que possa ser dirigida a uma meta única. Quanto mais fluir em direção dessa meta, mais fácil se torna a vida. A pessoa não deve nunca duvidar que a energia que a está guiando a levará para perto da única força motivadora. Essa é a meta final e encontrá-la traz a maior alegria.

⊗ EM TOURO

A pessoa com essa posição procura tudo que é sólido e duradouro, e não se importa com os prazeres efêmeros e superficiais. Ela quer saber o significado e a função de todas as coisas para poder construir um futuro seguro. Sua alegria é baseada na habilidade em sustentar e desenvolver a substância da vida. Esse é um exemplo das energias positivas da CI em Escorpião canalizadas através da matéria e do modo pelo qual é expressada através da Roda da Fortuna. Se essas forças de Escorpião forem percebidas negativamente, ela verá apenas destruição, desordem e a decadência do mundo.

A pessoa com a Roda da Fortuna em Touro sabe como os indivíduos podem se frustrar por uma falta de paciência originada do fato de que as coisas não se materializam instantaneamente. Ela é uma observadora de situações instáveis e imprevisíveis com que nos confrontamos na vida. Identificar-se com elas é perder seu próprio senso de estabilidade. A energia de Touro representa coesão e sustentação, enquanto a expressão negativa de Escorpião pode representar destruição em vez de transformação.

Essa pessoa precisa compreender que existe uma necessidade para que as coisas sejam destruídas; essa destruição e términos são parte do processo criativo. Sua parte no processo, se ela quiser ser feliz, é continuar a formar alicerces muito poderosos e significativos. A destruição deveria ser vista como transformação.

Essa pessoa gosta de descansar, mas não é feliz ao fazê-lo. Ela preferiria trabalhar em direção ao progresso, tão vagaroso como possa ser, desde que seja suficientemente seguro para lhe garantir aquele dia final, quando puder realmente descansar na segurança que construiu. Aqui, descanso e um progresso deliberado, lento, são exemplos da CI em Escorpião — renovação e crescimento.

Uma das maiores alegrias da Roda da Fortuna em Touro é a obtenção do amor pessoal e de sua expressão no plano físico, embora haja uma grande diferença entre a sexualidade de Touro e Escorpião. Com a Roda da Fortuna em Touro ela vê a necessidade de não separar sexualidade e amor. Essa falsa separação levará à experiência dos níveis inferiores de Escorpião que são prejudiciais aos verdadeiros objetivos do Taurino. A sexualidade de Touro é sempre dirigida para a construção de uma união significativa baseada em calor, sinceridade e compromisso.

Através da Parte da Consciência Impessoal em Escorpião, o indivíduo pode se tornar um observador do que é visto e sentido como sendo o uso impróprio da sexualidade. Escorpião busca tornar possível que os relacionamentos e o amor sejam a fonte de onde as águas cálidas das emoções puras possam ser retiradas para acalmar e alimentar a vida interior de um homem, permitindo-lhe ser transformado. Essa é uma das funções de Marte e Plutão agindo através de sua regência de um signo de água.

O indivíduo com a Roda da Fortuna em Touro é feliz quando sabe para onde está indo. As condições externas e as pessoas que tendem a impedi-lo devem ser vistas impessoalmente. Um de seus pontos fracos é a tendência a se sentir como se fosse um alvo e, então, reagir negativamente. Uma boa olhada em seus sentimentos, ajudada pelo poder de *insight* nas emoções, dado pela CI em Escorpião, lhe mostrarão que não é um alvo. No mínimo, apenas aconteceu de ele estar lá, isso é tudo. Embora uma de suas maiores forças seja a habilidade de agarrar ou conservar coisas, a identificação negativa com a CI em Escorpião dispersa suas energias ao guardar rancor por coisas que aconteceram no passado.

Para que a energia de Touro trabalhe melhor, o indivíduo precisa aprender a não bloquear a energia de Escorpião que tende a desfazer e a transformar as coisas. Ele precisa aprender a conservar, sem perder de vista aquilo que está tentando construir. Essa pessoa é extraordinariamente lenta para fazer mudanças em seu modelo de vida. Entretanto, sua habilidade para estabelecer e sustentar modelos duradouros e significativos lhe trará sua maior felicidade. Ela sente prazer em saber que está construindo uma segurança dentro de si mesma com a qual ela e os outros podem contar.

A energia Taurina é aquela da existência pacífica em harmonia com as forças da natureza. Esse é um dos poucos signos do zodíaco através do qual podemos sentir satisfação. Touro é um verdadeiro signo de "doação". Quanto mais esse indivíduo tentar acalmar as pessoas insatisfeitas em sua vida, mais ele perturbará sua própria paz, se houver uma identificação negativa com a CI em Escorpião. Ele pode cooperar melhor com a energia de Touro aprendendo a viver e a deixar viver, e valorizando toda a plenitude que existe na vida. A intensidade de Escorpião, enquanto tiver um lugar definido na vida, não precisa manifestar-se negativamente. A expressão intencional dessa intensidade pode ser encontrada no momento em que ele se lembrar que essa força original é útil quando dirigida para o estudo, a pesquisa, a busca espiritual e o crescimento através da produção e da renovação.

O pote de ouro no fim do seu arco-íris pode ser comparado à chegada na terra prometida. Após muitas experiências ele aprende a desistir da luta negativa e a aceitar a existência bela, pacífica e amorosa que sempre desejou. Aqui, muito é obtido mais pela entrega do que pela resistência.

⊗ EM GÊMEOS

A Roda da Fortuna em Gêmeos nos dá grande alegria através da comunicação e aprendizagem e da ligação com pessoas que as provocam. Essa pessoa está procurando e juntando novas compreensões de todos que encontra. As pessoas em sua vida são mais importantes pelas idéias que transmitem do que pelo que elas são. Aqui também há uma tentativa para manter as coisas num nível superficial sem ficar emaranhado em emoções. Muitas pessoas vêm e vão em sua vida a ela recebe estímulo e informação de todas elas.

Como tal, torna-se uma verdadeira enciclopédia ambulante de dados e conhecimentos selecionados das experiências dos outros. Quanto mais ela acumular, mais perceberá as muitas diferentes facetas da vida que freqüentemente se contradizem.

Essa pessoa tenta não se comprometer; não pelo medo do compromisso, mas porque prefere não julgar qual idéia ou pensamento é melhor ou mais correto. Assim, ela tenta se colocar em duas posições. Se existe um indivíduo que quer ter o seu bolo e também comê-lo, será a pessoa com a Roda da Fortuna em Gêmeos. Ela procura colher os benefícios de dois lados, sem na verdade fazer aliança com nenhum. Algumas vezes consegue. Isso lhe permite uma liberdade de movimentos que acrescenta alcance e colorido à sua vida. Ela é capaz de agir e reagir rapidamente a toda mudança dos "ventos" em sua vida. Uma grande alegria e um prazer verdadeiro são sentidos quando o indivíduo se deleita na abundância de idéias, teorias e observações impessoais. Isso é aumentado pela CI em Sagitário, que procura encontrar a linha comum ou o princípio básico que as une.

Através da Parte da Consciência Impessoal em Sagitário, ele vê a verdade em suas luzes mais brilhantes. Ver essa verdade lhe permite se relacionar livremente com todas as pessoas e situações com a alegria e o prazer da CI regida por Júpiter. A energia de Mercúrio, semelhante ao camaleão, lhe permite mudar num instante quando a situação faz uma nova exigência. Ele sabe que há uma necessidade por uma expansão da consciência, mas se superenfatizá-la perderá o contato íntimo de que necessita com a vida e as pessoas. Ele é mais feliz quando intimamente envolvido com tudo que se passa ao seu redor, sem julgar pessoalmente a dualidade das situações.

O uso negativo da Parte da Consciência Impessoal em Sagitário pode fazer com que ele se torne juiz. Ele precisa aprender a não se identificar com as atitudes autoritárias que o levam a isso. Quanto mais julga, mais cedo perde a camaradagem tão procurada. O eixo Mercúrio/Júpiter relaciona-se ao poder de observação e sabedoria. A expressão positiva da CI, aqui, lhe permitirá lembrar que ser humano implica certas limitações temporárias. O ponto de vista precisa ser amplo o suficiente para permitir a maior expansão a nível mental e ao mesmo tempo permitir a compreensão da presente condição humana.

A maior alegria da Roda da Fortuna em Gêmeos vem da habilidade de lidar com a realidade imediata. Se o indivíduo permitir a si mesmo ser arrastado juntamente com os chamados distantes da CI em Sagitário, há uma forte possibilidade de perder a habilidade de funcionar no aqui e no agora. O senso muito claro de presença e a idéia do presente inerente à Roda da Fortuna em Gêmeos são a fonte mais satisfatória de alegria para esse indivíduo. Seu verdadeiro pote de ouro pessoal vem do saber viver com aquilo que é temporário.*

⊗ EM CÂNCER

A pessoa com essa posição alcança sua maior alegria permitindo o livre fluxo da energia de nutrição. Esse indivíduo procura alimentar a si mesmo e aos outros com tudo que é necessário para um crescimento futuro. Aqui, ele experimenta o amor da Divina Mãe, que alimenta a todos generosamente.

Grande alegria é dada a esse indivíduo quando expressa o profundo impulso de devoção que sente. Ele procura as pessoas e as circunstâncias através das quais pode sentir calor e proximidade. Essa é uma energia de sentimento. Há muita felicidade vinda da proximidade com a natureza, pois é através desta que ele pode sentir a verdadeira essência de unidade e cooperação com o universo.

Há um desejo por uma simplicidade infantil em todas as ações. Embora ele veja as energias que levam as coisas à maturidade através da Parte da Consciência Impessoal em Capricórnio, é melhor ficar em harmonia com a suave, gentil energia Canceriana que está em maior harmonia com o princípio das coisas. A influência Capricorniana é melhor expressada através do discernimento do canal correto e mais útil para a energia.

Grande alegria virá ao se experimentar o processo de nascimento. Seja o nascimento de uma criança, uma idéia ou qualquer coisa que não existia antes de ele ter um papel pessoal no acontecimento, é sempre sua associação muito íntima que os começos que traz o maior sentimento de felicidade e satisfação.

Através da Parte da Consciência Impessoal em Capricórnio, ele vê e compreende a energia da ambição. Ele também sente como o homem tenta levar à realização tudo que estava parcialmente formado. A energia Capricorniana é firme e cristalizada, enquanto a energia Canceriana é dócil e suave. Em ambos os signos existe uma forte energia para a atividade. A energia Capricorniana é motivada ao ver a necessidade de um resultado. Assim, na CI, os fins geralmente dão a impressão de justificar os meios. A energia de Câncer,

---

* Serão discutidas mais coisas a respeito da natureza da "presença no presente" e elementos relacionados no próximo livro de Schulman, intitulado *Astrologia Cármica Volume IV — O Carma do Agora.*

por outro lado, é baseada pelo interesse de fazer; é uma energia mais de meios do que de fins. Enquanto Capricórnio procura realizar aquilo que sobreviverá ao indivíduo, Câncer procura criar, o que faz a pessoa sentir que está fazendo parte da própria criação.

A juventude e a vitalidade de Câncer são equilibradas por Capricórnio em sua busca de sabedoria e maturidade. Assim, o indivíduo não deve ficar absorvido na Parte da Consciência Impessoal se quiser alcançar a alegria completa de todas as sementes que está semeando através de sua Roda da Fortuna em Câncer. Ele deve permitir que a CI dê estrutura e direção à sua energia, mas conservar a natureza vigorosa e simples de uma criança.

O pote de ouro no fim desse arco-íris é a alegria recebida por ser um participante privilegiado no processo de nascimento que ocorre em tudo na natureza e na mente. A alegria vem também do provimento de todas as coisas que estão necessitando de cuidados carinhosos para que possam se desenvolver e florescer. Enquanto ele observar o crescimento daquilo que brotou de dentro, há uma grande satisfação ao saber que é uma parte verdadeira das bases da vida.

⊗ EM LEÃO

Aqui existe um grande desejo de agir como o "centro" de estar nO comando. Através do autodomínio o indivíduo procura ser a fonte de inspiração e direção para os outros. Um líder deve liderar e não se esquivar de problemas e responsabilidades das quais apenas ele tem a vontade e o poder para resolver. Grande alegria vem ao executar empreendimentos de grande escala que, de algum modo, são como exemplos e símbolos notáveis do que o homem é capaz de fazer quando usa seu potencial. Essa pessoa não apenas procura ser melhor, como também melhorar a sociedade como um todo.

Através da Parte da Consciência Impessoal em Aquário, ele aprende a não obrigar os outros a se adaptarem aos seus próprios métodos. Pelo contrário, ele deve tentar compreender que cada indivíduo encontra seu próprio caminho. Não dispersando as energias em muitas áreas, ele é capaz de preservar e dirigir o poder criativo. Isso finalmente trará satisfação e felicidade. Como todas as realizações virão de esforços pessoais, ele conhecerá a alegria de ser o incontestável rei de seu próprio castelo. Mais que tudo, o reino será honrado, pois tudo que é realizado através de métodos desonestos tem pouco significado para o indivíduo com a Roda da Fortuna em Leão.

Os conselhos que essa pessoa dá para os outros através da Parte da Consciência Impessoal em Aquário deveriam ser dados como uma dádiva em vez de como uma ordem. Seu poder para criar fica verdadeiramente grande quando ele aprende a deixar o resto do mundo aceitar ou rejeitar seus conselhos e ficar contente com o fato de ter lhe sido dada a oportunidade de ajudar.

Tanto Leão como Aquário são energias de doação. A energia de Aquário é uma doação impessoal para a humanidade como um todo, sem esperar nada em retorno, exceto a evolução da raça. A generosidade de Leão, por outro lado, é dirigida mais intencionalmente para aqueles indivíduos que formam seu espaço de vida imediato. Assim, a Roda da Fortuna em Leão concentra-se ao redor do conceito do amor pessoal. Uma certa quantidade de *feedback* é necessária para essa pessoa sentir que sua generosidade, suas ambições e suas metas estão se movendo pelo caminho certo.

Embora a energia de Leão seja muito poderosa, tende a ser muito rígida. Seguindo tradições ou princípios específicos, o indivíduo luta para manter sua vida dentro dos limites daquilo que lhe trará a honra, o prestígio, a dignidade e o respeito. Ele deve evitar as distrações momentâneas que podem surgir da energia de Aquário se quiser cumprir seu propósito. E deve cumpri-lo, pois faz grandes exigências para si mesmo. Apenas quando essas exigências são cumpridas de acordo com seus próprios padrões elevados é que ele sentirá satisfação. Uma energia intencionalmente dirigida traz grandes realizações. A admiração que finalmente será recebida por essas realizações é o pote de ouro no fim do seu arco-íris.

⊗ EM VIRGEM

Aqui o indivíduo alcança grande felicidade ao criar um senso de "pureza organizada" em seu meio ambiente. Ele busca a limpeza, não somente na higiene pessoal como também em sua vida e seu trabalho. Ele também experimenta uma espécie de limpeza na maneira como os pensamentos são organizados. Muito sensível ao meio ambiente externo, essa pessoa é muito consciente do quanto é afetada pelas respostas pessoais à emoção aparentemente negativa.

Através da Parte da Consciência Impessoal ele compreende totalmente a natureza da compaixão, mas se quiser que a Roda da Fortuna trabalhe bem, deve evitar a identificação com forças que não podem ser vistas. Consciente das forças invisíveis, inconscientes e infinitas além do controle pessoal, ele, entretanto, deve dirigir sua vida para uma existência altamente consciente, dedicada "ao aqui e ao agora".

Essa pessoa se esforça para ser constante e conscientemente ocupada, deixando pouco espaço para que as emoções negativas dos outros invadam sua consciência. Assim, o que pode parecer uma preocupação com a realidade mundana está de fato dando a essa pessoa um sentimento supremo de alegria através de uma percepção organizada da vida.

Pureza de corpo e mente são importantes porque permitem a experiência de uma simplicidade de pensamentos clara, não desordenada por fatores externos desnecessários. Aprendendo a se disciplinar, ela se torna capaz de, finalmente, ficar acima de emoções negativas através do uso positivo de sua CI em Peixes, que o leva para a paz interior. Sua principal meta é atuar bem e completamente. Independente de como se sente a respeito dos outros, ela sabe que os sentimentos são transitórios e sempre estão num estado de mudança. Há uma conscientização de um dever muito pessoal de continuar se movendo em direção a um desenvolvimento perfeito.

A energia negativa pisciana tem a tendência a demorar-se no passado. A energia de Virgem se concentra através de uma poderosa preocupação com os detalhes do presente. A felicidade prometida pela Roda da Fortuna em Virgem vem ao lidar com o presente, de maneira tão eficiente que os detalhes não se acumulem e se tornem um fardo trazido do passado para o futuro. Assim, a CI em Peixes dirige a energia através de uma compreensão do todo e seu significado e efeitos no presente.

Há uma grande alegria na expressão da lógica simples, o que Benjamin Franklin, um Capricorniano, chamou de "senso incomum". A influência de Virgem é capaz de juntar os detalhes da vida de modo a formar uma seqüência de acontecimentos que levam a uma meta bastante lógica. Isso, novamente, é um exemplo da Parte da Consciência Impessoal em Peixes dando uma visão completa do presente e a direção do fluxo de energia. O indivíduo pode, na realidade, se tornar tão eficiente a ponto de se sentir um pouco como um robô. Como resultado, ele busca a emoção para compreender logicamente se ainda é capaz de sentir. Para fazê-lo, vai para o signo oposto e começa a expressar a CI em Peixes. Ele deve ter cuidado para nunca se identificar com o aspecto negativo desse lado de si mesmo. Aqui, ele pode perder de vista a natureza prática, num mar de ilusões, de devaneios delicados e de fantasias sem fim. Isso faz com que ele seja levado para longe do sentido consciente do presente que traz a maior alegria. Pelo contrário, ele deve procurar a pureza e a universalidade da CI de Peixes que acrescentará profundidade à sua vida e à experiência do presente.

Peixes e Virgem representam energias de serviço. Peixes, o do serviço piedoso para os outros; Virgem representa o serviço para o ser. Quando esse indivíduo está atuando da melhor maneira, as habilidades serão muito necessitadas pelos outros e ele vai desejar prestar ajuda. Aqui, ele precisa tomar cuidado para não deixar o centro do ser, pois se ele se identificar negativamente com os problemas de outra pessoa, começa a perder a habilidade para atuar. É essa habilidade de atuar que permite a essa pessoa ficar acima dos fatores que facilmente levariam outros a um estado de depressão emocional.

Para esse indivíduo, o pote de ouro é aquilo que estiver segurando na mão e lidando no momento presente. A energia de Peixes sempre se relaciona ao que é infinito. É uma harmonia com um universo invisível que pode ser percebido somente através dos sentidos mais elevados. A energia de Virgem dirige-se para o que é palpável. Ela vive no mundo das coisas. Através de uma organização adequada, cuidado e limpeza dessas coisas, a Roda da Fortuna em Virgem encontra seu papel. Isso permite a expressão impessoal da CI em Peixes: a infusão do amor na vida, a experiência do momento eterno.

⊗ EM LIBRA

Aqui o indivíduo alcança sua maior felicidade através da cooperação com uma energia que pode ser chamada de "não-auto-afirmação". Ele está mais confortável concordando com os outros, em vez de expressar desejos pessoais que podem perturbar a harmonia obtida com os que estão em sua companhia. Há uma tentativa de se unir aos desejos dos outros. Isso resulta numa mudança contínua do ponto de vista, na tentativa de ganhar aceitação.

Essa pessoa sabe que magoando os outros, ao sustentar à força seus próprios desejos, coloca em risco as amizades e os relacionamentos. Assim, em vez de sustentar sua própria vontade, ela tenta cooperar com quaisquer situações e circunstâncias que a vida lhe impõe. Ela raramente toma decisões importantes por si mesma, porque, num sentido positivo, vê a si mesma como parte de um todo maior que consiste de forças além do seu controle. Ela sente que para sustentar sua própria vontade sem consideração com aquelas influências deixa-a sem harmonia com o fluxo que está guiando a vida.

Através da CI em Áries há uma familiaridade com a energia do "pioneiro". Ela sente uma poderosa habilidade de projetar desejos pessoais no futuro, tornando-os um produto de seu próprio desejo. Se quiser ser feliz não deve se identificar com esse conhecimento. A energia de Áries é tão cobrada que usá-la egoisticamente provocaria a perda da perspectiva e do equilíbrio. É muito importante considerar os efeitos das ações antes que sejam feitas. Assim, o Libriano precisa saber os dois lados das coisas. Isso leva a uma vida que é mais baseada no que os outros também desejam do que na expressão total da vontade pessoal. Contudo, é a verdadeira abstenção do "instinto natural" que trará a esse indivíduo a maior felicidade. O vínculo do relacionamento pessoal, baseado na moderação mútua, satisfaz a todas as pessoas envolvidas.

A pessoa com a Roda da Fortuna em Libra sente como se precisasse ser parte de alguma coisa à qual pertence. Ela procura acabar com esse sentimento de não ser completo encontrando pessoas e circunstâncias que representam idéias e experiências que definirão seu espaço de vida. Numa tentativa de se tornar "sem ego" e inofensiva, ela desenvolve uma natureza gentil e delicada que sabe como agradar e acalmar. Quanto mais for capaz de fazê-lo, mais será capaz de sentir uma satisfação interior que, em parte, se origina de um conhecimento de que ela nunca é pessoalmente responsável pela criação de circunstâncias perturbadoras.

Shakespeare colocou a pergunta mais profunda da vida: "Ser ou não ser...". Isso bem pode ter sido dirigido à polaridade Áries/Libra. Se a resposta vier de Áries é "ser". A resposta natural de Libra é "não ser". A Roda da Fortuna aqui simboliza o equilíbrio no centro do zodíaco. É uma janela através da qual um indivíduo vê todas as possibilidades, e, ainda assim, nunca estabelece uma identidade pessoal com nenhuma delas. Ele mantém um equilíbrio delicado, experimentando aspectos de muitas personalidades, mas nunca estabelecendo um que seja único e seu. Através da experiência de toda a vida que está ao seu redor, entretanto, ele é capaz de desenvolver um sentimento de satisfação. Ele sabe que pode ter tudo sem querer nada; tocar tudo sem possuir. Ele simbolicamente permanece no centro de todo pensamento; é um verdadeiro paradoxo: nada representando, representa tudo.

Lao Tsu, o antigo sábio chinês, escreveu: "Trinta aros dividem a roda. É o eixo que os torna úteis" e, em outro lugar, "é o espaço vazio numa janela o que a torna útil". A Roda da Fortuna em Libra é verdadeiramente um eixo e uma janela aberta da consciência. Ao seu redor giram, e através dela fluem todos os pensamentos, desejos e emoções da humanidade. É uma coleção de todos os sons e cores, que se torna imune à identificação específica e pessoal com qualquer um deles. Para esse signo, é assim com tudo. O indivíduo com esta Roda da Fortuna está experimentando, em menor escala, todas as energias do zodíaco. Libra, permanecendo no centro, permite que todas essas energias fluam através de uma pessoa e, assim, coletivamente, formam um indivíduo completo. Um sentimento de alegria e satisfação vem da sensação de que se pertence a tudo. Essa realização pode levá-lo para mais perto da consciência da falta de desejo, que será a base da verdadeira satisfação. Sem necessidade de precisar, ou invejar nos outros o que não tem, a pessoa com essa posição é capaz de equilibrar toda experiência e sentimento e chegar à paz na vida. O equilíbrio é alcançado ao pesar sentimentos opostos, os seus e os de outras pessoas, até que seja sentida uma unidade que, agindo como a veia ou o canal para a vida, permite que essa pessoa desenvolva o senso de ser impessoal. A habilidade de se tornar impessoal vem da consciência da intensa natureza pessoal de Áries através da CI, canalizada através da percepção de Libra/Vênus, de outras pessoas. Ela vê os desejos egoístas ou "particulares" das pessoas, embora seja capaz de encontrar um lugar para todos eles no grande plano das coisas.

O pote de ouro no fim de seu arco-íris é saber que as energias criativas e os desejos das pessoas em sua vida determinarão o modelo adequado de vida. Assim, de uma maneira muito incomum, alguém cuida para que ele nunca tenha que tomar uma decisão certa ou errada. Fluindo com as forças que o estão dirigindo, torna possível que as decisões necessárias sejam tomadas. Essa fé no cosmos vem da positividade da Parte da Consciência Impessoal em Áries. É uma expressão da coragem marciana face ao desconhecido. Há uma grande paz em saber que o mundo cuidará de você, de todas as maneiras, o tempo todo. Aqui se encontra a secreta alegria da Roda da Fortuna em Libra.

⊗ EM ESCORPIÃO

Aqui o indivíduo alcança sua maior alegria participando do processo de regeneração. Isso está ligado à sexualidade no plano físico e à busca espiritual nos níveis mentais e emocionais mais elevados. A sexualidade, a essência da vida e da força criativa, torna-se um fator muito importante na constituição desse indivíduo. Há um desejo intenso de também penetrar no sentido da vida. Essa é uma tarefa fácil para alguém com tal espírito e percepção aguçados e penetrantes. Essa pessoa também possui uma forte percepção do crescimento e evolução do homem. Todos esses fatores se combinam para dar uma habilidade para aprofundar-se no desconhecido; de estar no centro de todos os começos e fins.

Através da Parte da Consciência Impessoal em Touro essa pessoa vê os caminhos nos quais as pessoas e a sociedade se mantêm na chamada rotina de segurança. A energia de Escorpião está sempre se esforçando para descobrir o que é novo. Ela deseja exterminar a ordem estabelecida para melhorá-la. A energia de Escorpião aqui é dirigida para vagarosamente destruir aquilo que não é mais útil.

A Roda da Fortuna em Escorpião harmoniza o indivíduo consigo mesmo e com níveis de pensamento inconscientes da sociedade. Ele tem grande orgulho de sua habilidade de avançar rapidamente a despeito dessas forças geralmente desconhecidas. Aos olhos dos outros ele parece estar destruindo aquilo que eles levaram anos construindo. Para começar, aquilo que pode ser destruído nunca foi, na verdade, real. A Roda da Fortuna procura a realidade mística do universo. Muito será derrubado. Segredos ocultos serão trazidos à superfície, e a corrente dos pensamentos e sentimentos do homem será resolvida com uma paixão intensa até que as águas fiquem claras.

A energia da Parte da Consciência Impessoal em Touro é de construir, enquanto a Roda da Fortuna em Escorpião é de não construir e de desfazer. Ambas são necessárias para que se alcance o processo que chamamos de evolução. Velhos edifícios são derrubados para que novos possam ser erguidos no mesmo local. A pessoa com a Roda da Fortuna em Escorpião é única naquilo que pode derrubar, bem como em planejar e construir os edifícios.

A pessoa com essa colocação da Roda da Fortuna experimenta um tipo persistente de energia que nunca a deixa descansar. Desejando crescer, procurar e compreender tudo que não se vê, sua alegria nunca se enraiza numa existência pacífica. Ela é uma transformadora dos homens porque se sente descontente pela falta de movimento e de progresso que vê nos que estão ao seu redor; a sexualidade é apenas o mecanismo que a mantém em movimento e traz uma poderosa intimidade que forma o sentimento intenso de uma ligação com as profundezas da verdade. Ela não se engana com as fachadas sofisticadas e percebe claramente a realidade. Profundamente em harmonia com as forças da natureza, Escorpião tem a percepção mais desenvolvida do que qualquer signo no zodíaco.

Através da CI em Touro, é permitida a essa pessoa experimentar a energia da tranqüilidade e satisfação. Isso atua como um equilíbrio para a intensidade de Escorpião. Ela sabe que finalmente essa é a meta de todos. Mas não pode aceitá-la para si mesma, até que sinta que a mereceu. O pote de ouro no fim de seu arco-íris vem quando tem um papel ativo trabalhando para a construção de um mundo que será seguro e pacífico, não porque as pessoas estão tentando fazê-lo assim por refrear, reprimir e inibir instintos naturais, mas por estarem mais perto da fonte de toda a vida. Ela é mais feliz quando é capaz de esclarecer os outros e de lhes mostrar os novos caminhos que eles têm medo de considerar.

⊗ EM SAGITÁRIO

Aqui o indivíduo sente a energia da liberdade abundante. Ele procura espaços livres, tanto mentais quanto físicos, e evita se prender a situações e circunstâncias que limitem suas possibilidades.

De todos os signos do zodíaco, esse possui a maior habilidade para viver uma vida feliz. A existência aqui pode ser naturalmente feliz e abundante. Quando essa pessoa não teme tentar sua sorte, descobre que, naturalmente, tem sorte. Quando não teme viajar, descobre que sua maior ventura acontece nos lugares mais remotos, longe de sua casa. Enquanto os anos passam, sua vida continua se expandindo e, quase a despeito de si mesma, as circunstâncias e experiências pelas quais passa parecem continuar ficando mais amplas e mais significativas.

Através da sua Parte da Consciência Impessoal em Gêmeos, ela está constantemente ciente do que os outros pensam. Ela vê quanto a vida pode ser desperdiçada tentando diplomaticamente agradar os outros em vez de tentar ampliar a consciência até o ponto onde entende quão realmente desnecessário é esse modo de pensar.

Muito curiosa, procura percorrer a terra à procura de tudo que há para se experimentar na vida. Ela obtém muita felicidade estando em contato com a natureza, e sente-se mais desconfortável em cidades superpopulosas que tendem a disciplinar e restringir seu pensamento e a limitar sua habilidade de respirar com o espírito natural da vida que flui através dela.

A energia de Sagitário é a da verdade baseada na compreensão da lei natural. A energia de Gêmeos é a da dualidade, e uma consciência da dualidade baseada na tentativa do homem de se relacionar com o homem. O indivíduo com a Roda da Fortuna em Sagitário descobre que quando mede as palavras para ganhar aprovação ou aceitação, ou se coloca no lugar de outra pessoa para entender o que lhe dizer, torna-se falso para consigo mesmo. Desde que na grande extensão de sua consciência ele é capaz de examinar toda a situação quase instantaneamente, ele flui melhor quando é sem cerimônia e objetivo.

Dessa maneira, ele não duvida da sinceridade de sua própria verdade. A CI em Gêmeos dá a habilidade para ver claramente e de maneira desprendida o mundo de aparente dualidade. Isso lhe permite examinar rapidamente as situações ou eventos e torna possível para a Roda da Fortuna em Sagitário sintetizar essas observações numa nova unidade. Uma vez que isso seja feito, direção e significado são dados às observações iniciais e o indivíduo pode tomar a ação apropriada.

A pessoa com essa Roda da Fortuna sabe que novas experiências estão sempre esperando para trazer mais alegria e mais satisfação. Assim, há uma forte tendência a se projetar no futuro e imaginar as experiências e lugares com os quais satisfazer tal futuro. Essa tendência forma a base para a natureza profética de Sagitário, pois tanto vê o que acontecerá através do *insight*, como, devido ao seu grande poder de vontade, faz o futuro ser de acordo com seu desejo.

Grande alegria vem de saber que não há um objetivo na vida, exceto vivê-la plenamente. Assim, enquanto a CI em Gêmeos vê as pessoas tentando se decidir por uma direção na vida, e sempre sentindo-se infelizes por acreditarem que deveriam ter escolhido uma em vez da outra, a Roda da Fortuna em Sagitário é capaz de saber todas as direções imediatamente. A terrível frustração de não ser capaz de encontrar seu próprio nicho na vida não é conhecida por essa pessoa. Onde quer que pendure o seu chapéu, aí é o seu lar. De qualquer modo que esteja ganhando sua vida, essa é sua ocupação. Seja quem for que estiver em sua companhia, é seu amigo. É essa atitude que lhe permite seu entusiasmo para fluir em harmonia com as forças do seu meio ambiente.

Essa pessoa é capaz de navegar na superfície da vida e não submergir em situações que poderiam negar seu ponto de vista otimista sempre presente. O maior obstáculo à sua felicidade é tentar ver a si mesma através dos olhos dos outros. Esse é um aspecto de identificação autocrítico com a Parte da Consciência Impessoal em Gêmeos. Ela irradia alegria. Ela é alegria. Entretanto, não importa quão brilhante uma luz possa ser, ela não pode ver a si mesma. Os outros podem ver alegria nela, e, sabendo disso, ela às vezes comete o erro de procurar nos outros um reflexo do que é. Através de um *feedback* positivo, ela chega a ter a ilusão de que pode fazer os outros felizes. Viver sob esse tipo de obrigação mental pode fazê-la perder sua felicidade.

A pessoa com a Roda da Fortuna em Sagitário precisa aprender que a felicidade é algo que não pode necessariamente ser transferido de uma pessoa para outra. Essa é uma das maiores lições ensinadas pela CI em Gêmeos. Tentar fazer essa troca apenas tende a enfraquecê-la. O mundo pode ser sua ostra, se ela apenas se deixar ser. Quando aprende a fazer isso, sua vida adquire uma entusiástica espontaneidade sem comparação com qualquer outro signo do zodíaco. É através dessa espontaneidade não dirigida que ela é capaz de se aproximar daquilo que Buda quis dizer quando mencionou que o verdadeiro significado da vida é apenas "ser". Para esse indivíduo, o pote de ouro no fim do arco-íris é tão vívido quanto o senso de presença que ele é capaz de experimentar em todo momento.

⊗ EM CAPRICÓRNIO

Aqui um indivíduo alcança maior felicidade observando sua vida assumir estrutura e forma definidas. Essa pessoa tem muitas ambições e esperanças, mas continua descontente até que os passos necessários para sua realização tenham sido formulados e postos em movimento. Ela procura se manter em contato com seu propósito final o tempo todo e sabe que o melhor caminho para experimentar totalmente a vida é passá-la criando alguma coisa que sobreviverá à sua própria existência. Ela luta para superar as restrições que lhe foram impostas em sua juventude e é capaz de desenvolver um poder interior que lhe permite ver que sua vida está em suas próprias mãos e ela é que tem que construí-la. Ela não quer necessariamente coisas que venham facilmente, pois sente que a natureza frívola, passageira, da maior parte das experiências, objetos e, sim, até mesmo dos relacionamentos, diminui o grande objetivo que planejou. Ela também precisa saber que é capaz de dar uma valiosa contribuição à sociedade.

A Parte da Consciência Impessoal em Câncer permite que essa pessoa experimente a extensão total da energia emocional. Como em todas as colocações nas quais a polaridade permite que um indivíduo aumente sua experiência emocional, a necessidade de permanecer impessoal é realçada. O equilíbrio que a pessoa precisa atingir é vital para o uso apropriado da energia. É importante notar que todos os signos de terra são equilibrados por signos de água. A terra seca não é fértil. Nada crescerá nesse solo que seja de grande utilidade para o homem. Talvez haja minerais valiosos a serem encontrados em tais lugares, mas a riqueza que eles representam é geralmente usada para assegurar os produtos da terra rica, fértil. Por outro lado, a terra que foi inundada é pouco útil até que a água tenha retrocedido e a terra tenha secado um pouco. A energia de Capricórnio empurra em direção à finalização de projetos; a energia de Câncer experimenta o entusiasmo emocional de dar à luz no começo das coisas. Para a Roda da Fortuna trabalhar melhor aqui, a emoção deve ser dominada e dirigida. Essa talvez seja a tarefa mais difícil para qualquer pessoa executar. Tudo que o indivíduo sente pode, na realidade, agir como um impedimento a tudo que quer fazer. Inseguranças da infância, medos e dúvidas devem ser postos de lado para que ele seja capaz de desenvolver a perspectiva que lhe permite ver que o trabalho de sua vida é mais importante do que ele próprio. Quando essa pessoa puder fazer isso, desenvolverá uma nova identidade através da qual se torna a qualidade e a quantidade de tudo que é capaz de produzir.

A CI em Câncer dá uma profunda compreensão da necessidade por um bom começo ou base para qualquer projeto. Nada terá êxito a menos que o primeiro passo ou idéia for cuidado, alimentado e dirigido. A CI em Câncer permite que a pessoa com a Roda da Fortuna em Capricórnio conceba, dê à luz e alimente aquilo que crescerá para a maturidade e realmente tenha uma vida própria.

Essa posição da Roda da Fortuna adia a felicidade até tarde na vida. Isso permite o desenvolvimento da verdadeira maturidade, pois o indivíduo precisa superar obstáculos difíceis que requerem a habilidade e a força aperfeiçoadas por muito trabalho duro. Através da Parte da Consciência Impessoal de Câncer ele precisa aprender que as emoções negativas consomem realmente suas energias físicas, impedindo-o de alcançar o sentido de progresso que precisa para se amparar. Ele é muito sensível às necessidades dos outros e particularmente vulnerável num nível emocional pessoal. Assim, para que sua Roda da Fortuna trabalhe para seu maior proveito, ele deve aprender a evitar dificuldades emocionais negativas que o confundem e enfraquecem seu auto-respeito.

Sua maior felicidade vem ao perceber os caminhos nos quais ele é um indivíduo completamente capaz. Num sentido muito real, ele se torna seu próprio pai. Ele aprende como liderar a si mesmo e, independente de situações e circunstâncias em sua vida, desenvolve a habilidade para atuar em níveis geralmente inatingíveis para a maioria das pessoas, mesmo nas melhores circunstâncias.

Capricórnio é um signo de grande profundidade. Sempre existe algum plano latente em suas ações; uma estrada ao longo da qual um sentido de objetivo bem definido viaja em direção à meta escolhida. Mesmo os desvios são de algum modo encaixados no plano. Não pode haver distrações ou generalidades para esse indivíduo, pois, em essência, a recompensa da vida de felicidade vem quando tem certeza do seu destino a qualquer tempo. O pote de ouro no fim do seu arco-íris é alcançado após muitos anos de esforço dirigido ao longo do curso específico que ele planejou. Ele sabe que não o alcançará através da sorte ou de boa ventura, mas sim através de seus próprios esforços poderosamente dirigidos e pelo valor interior. Qualquer coisa que realize é vista como um símbolo desse desenvolvimento interior que é o pote de ouro.

⊗ EM AQUÁRIO

Aqui o indivíduo experimenta sua maior alegria fluindo com as energias da consciência e do esclarecimento. Não estando preso pelos vínculos colocados pela sociedade, não estando restringido pelos limites da expectativa previsível, ele é capaz de experimentar tudo que existe fora dos limites da sociedade estabelecida. Ele procura saber *tudo* — a respeito do homem, do mundo, do universo. Ele quer saber como tantos aspectos da vida aparentemente diferentes conseguem se ajustar.

O objetivo da Roda da Fortuna de Aquário é um senso de não-contentamento. Sua felicidade vem da compreensão de que as coisas podem ser diferentes sem que uma seja melhor ou pior do que a outra. É através dessa atitude que ele é capaz de ficar livre das conseqüências de fazer julgamentos. Por natureza, ele é justo e sem preconceitos. Devido a esse tratamento justo para com o mundo ele sente toda a alegria associada à liberdade. Por ser desprendido e não se envolver nos princípios pessoais dos outros, o mundo lhe permite a liberdade de explorar seu próprio autodespertar. Ele nunca tem que seguir o caminho de outros. A direção de seu espaço é sempre dada por novas idéias que estimulam o espírito inventivo e a originalidade de perspectiva. Ele freqüentemente procura a solidão para que possa se retirar das exigências da sociedade tradicional, pois sua alegria não é baseada nas leis ou restrições dos homens, mas, sim, no impulso das forças do cosmos que levam o homem para suas habilidades mais elevadas. Ele procura viver sem planejar. Pela ausência de qualquer modelo aparentemente sem pé nem cabeça para sua vida, cresce um senso incomum de vida e de viver. É disso que ele retira seus poderes únicos de inventividade e percepção.

Através da Parte da Consciência Impessoal em Leão essa pessoa é capaz de ver como as pessoas se esforçam em vão para terem poder e comando, bem como o desejo de defender princípios através dos quais elas possam estabelecer o auto-respeito. Ela sabe que existe um lugar no mundo para tais coisas, mas sabe também que o mundo está no estado em que está porque essas coisas foram usadas incorretamente e violadas. É o amor pela verdade, de Leão, e os princípios mais elevados que agem como um sinal para ela, em vez de como uma identificação com a limitação do poder que pode inibir o fluxo espontâneo da vida.

Pouca coisa no mundo pode abalar a pessoa com a Roda da Fortuna em Aquário, porque há espaço suficiente em sua consciência para aceitar a possibilidade de qualquer acontecimento. Ela vive no futuro, explorando e descobrindo aquilo que a humanidade considera como suas mais remotas possibilidades. Ela é um verdadeiro espírito livre: liberal em idéias e não convencional em atitudes. A satisfação para ela vem ao não se preocupar, em qualquer caminho pessoal, com a direção na qual a sociedade parece estar se movendo. Ela conhece um futuro melhor, baseado numa visão de maior alcance da verdade. Assim, os problemas do presente podem deixá-la relativamente indiferente. Ela sabe que eles serão resolvidos da melhor maneira possível. Não há necessidade de se preocupar.

Uma vez que a energia de Leão é fortemente baseada na satisfação do "ego" através do comando e do poder, e a energia de Aquário é baseada em evitar a armadilha do "ego", ela encontrará sua maior felicidade ao não temer ou não se envergonhar de suas atitudes desprendidas e não-conformistas. A força para fazer isso vem dessa mesma energia Leonina. É o poder de Leão que lhe permite lutar contra o desejo por poder, porque a visão foi dirigida tanto para dentro como para fora. Tão logo essa pessoa aceite a si mesma como sendo "diferente" e seus desejos e idéias como únicos, até mesmo proféticos em sua natureza avançada, ela começará a esclarecer a realidade pela qual sua alma esteve ansiando. Ela saberá que sua mente está livre para explorar a percepção, a consciência, que finalmente libertará a humanidade das algemas do seu "ego" coletivo. A alegria do seu pote de ouro não é apenas para o indivíduo, mas para todos.

⊗ EM PEIXES

Aqui um indivíduo tem a oportunidade de experimentar a soma das energias criativas do zodíaco. Nas maneiras mais sutis, essa pessoa está em harmonia com as forças do cosmos. Ela é capaz de fluir com uma realidade invisível que sabe que está se manifestando como uma realidade física palpável. Ela sabe que o universo é composto de uma substância que não é limitada pela matéria. Ela experimenta a unidade de todas as coisas e pode se adaptar a qualquer vibração e satisfazer qualquer necessidade.

A Roda da Fortuna situada aqui permite que a pessoa experimente a alegria de transcender o tempo, espaço e pensamento. A poderosa intuição e harmonia com forças cósmicas que vêm da Roda da Fortuna de Peixes dá ao indivíduo uma qualidade misteriosa, magnética. Existe a concepção de que essa pessoa conhece o desconhecido intimamente.

Através da Parte da Consciência Impessoal de Virgem, essa pessoa vê os caminhos nos quais os outros tentam planejar e organizar suas vidas, enquanto ao mesmo tempo eles não vêem o quadro completo e o seu significado. Ela também experimenta as restrições de viver numa consciência finita na qual a única realidade parece ser aquela que pode ser vista, tocada ou emocionalmente sentida. Se quiser ser feliz, não deve se identificar com esse tipo de realidade. Suas percepções transcendem o universo finito. As dimensões de tempo e espaço têm pouca conseqüência para a qualidade infinita de tudo que ela percebe.

Poderia haver maior alegria do que a de sentir a unidade eterna de Deus? Poderia haver qualquer coisa na terra que não seja um reflexo daquilo que não é terreno? Poderia haver qualquer coisa que não venha de um estado da mente? De maneira que, estando além da comunicação verbal, a Roda da Fortuna em Peixes permite que ela conheça a essência da realidade. De fato, esse indivíduo permanece entre o mundo de Deus e o mundo do homem e sabe que são apenas um. Ele sente essa unidade.

A pessoa com a Roda da Fortuna em Peixes não gosta de fazer promessas. Ela sabe que manter ou quebrar uma promessa nem sempre está sob seu controle pessoal. Para garantir sua felicidade ela deve evitar a tendência de Virgem para manipular e planejar um estilo de vida particular, finito, que ela então terá que tentar e viver. Pelo contrário, deve se aproximar da habilidade de Virgem para ver a perfeição daquilo que é, e permitir que a vida siga seu curso.

A pessoa com a Roda da Fortuna em Peixes não precisa conquistar, pois é parte daquilo que governa tudo. Ela não precisa se submeter, uma vez que a submissão e a conquista são simplesmente lados opostos de um conceito. A alegria vem de uma silenciosa compreensão que lhe permite fluir suavemente através das experiências da vida.

O pote de ouro no fim do arco-íris é, na realidade, o próprio arco-íris. A Roda da Fortuna em Peixes lhe dá a nítida vantagem de saber que a vida, o mundo de idéias e suas limitações, afinal, são apenas aparências. A imaginação criativa baseada no conhecimento da verdade mais elevada, compreensão e amor, não na ilusão, é o que pode deixar o coração e a mente livres. Alegria e felicidade vêm da harmonia com níveis mais elevados de consciência. A habilidade de sutilmente se harmonizar com esses níveis vem da CI em Virgem, que lhe permite purificar, organizar e dirigir os pensamentos na mente. A energia Mercuriana de Virgem age como a ponte entre os níveis ascendentes de percepção e compreensão que levam ao abraço envolvente de Júpiter e Netuno. Através de seu desejo compassivo de ajudar a moldar um mundo mais amoroso, suas esperanças, sonhos e desejos estão criando uma consciência mais bonita para seu semelhante. Tudo que ele imagina torna-se parte de sua realidade.

CAPÍTULO 5

ASPECTOS COM A RODA DA FORTUNA

A Roda da Fortuna é mais um ponto arábico do que um planeta específico, e alguns astrólogos não consideraram os efeitos dos aspectos planetários com este ponto no horóscopo. Entretanto, existem várias razões muito poderosas para se estudar as relações planetárias com esse ponto.

Deve ser entendido que a Roda da Fortuna representa uma posição muito sensível no horóscopo de um indivíduo. Ela reage fortemente aos outros indivíduos que possuem planetas que a tocam! Inclusive reage fortemente a importantes trânsitos e progressões sobre esse ponto. Assim, se uma área no mapa de um indivíduo é suficientemente sensível para fazê-lo reagir às forças externas, ela obviamente tem força suficiente para ser considerada um dos fatores que exerce uma forte influência em sua vida. Podemos questionar o alcance da força que tem uma parte arábica tendo em mente que ela não é um planeta. Tal pensamento nos leva a acreditar que necessariamente ela é mais fraca do que um planeta. Então, torna-se importante perceber que a Roda da Fortuna não é o resultado de nenhum planeta, mas, sim, que representa a força e sensibilidade combinadas dos astros (freqüentemente considerados como sendo os dois mais poderosos planetas no mapa) e do Ascendente. Deve ser entendido, então, que a Roda da Fortuna é evidentemente uma área muito potente no horóscopo, freqüentemente reagindo a estímulos externos, com o mesmo poder, se não maior, que um único planeta.

Isso nos leva a uma outra consideração. Se a Roda da Fortuna é sensível a forças externas através das experiências e circunstâncias que ocorrem como um resultado de trânsitos e progressões, então é possível que também seja sensível a forças internas originadas da consciência do indivíduo de dentro dos limites de seu mapa natal? Isso pode ser respondido muito facilmente a partir de estudos de outras partes não-planetárias do horóscopo. Considere, se quiser, o Ascendente, o Meio do Céu, os Nódulos, as Cúspides da Casa, o Vértice, o Nadir, o Descendente, e todas as outras partes não-planetárias do horóscopo. Elas são sensíveis aos relacionamentos distantes ou dos aspectos formados com elas pelos próprios planetas? É importante se um planeta forma uma conjunção com o Ascendente? Sim. Isso muda toda a natureza do mapa! É importante se um planeta forma uma quadratura com uma Cúspide de Casa? Muito. Isso cria tensões muito específicas entre a energia do planeta e as experiências simbolizadas por aquela casa. É importante se um indivíduo tem três planetas formando uma conjunção com seu Nódulo Norte? Claro que sim! Isso força o indivíduo a cumprir seu Carma com um senso de urgência.

É possível citar muitos exemplos de como os aspectos planetários com pontos sensíveis no mapa realmente têm seu efeito. O ponto a ser compreendido aqui é que uma parte do horóscopo é afetada pelos aspectos com eles, mesmo que não seja um planeta.

Há ainda uma outra maneira de se ver isso. Esquecendo completamente a Astrologia por um momento, mas lembrando que a Roda da Fortuna simboliza a alegria que procuramos na vida, consideremos o seguinte: num nível de pensamento muito mundano, do dia-a-dia, existem coisas na vida de um indivíduo que são muito prazerosas para ele. E, com respeito a essas coisas, existem também aquelas que tanto lhe permitem experimentar sua alegria quanto lhe dificultam chegar a ela. A alegria de uma pessoa pode bem estar na paz mental (algo impalpável, muito parecido com a Roda da Fortuna). Uma conta que chega pelo correio, momentaneamente interfere com a experiência da sua alegria. A conta é muito mais palpável (num sentido, muito parecida com um planeta). Embora uma seja mais palpável que a outra, ainda há uma forte relação entre as duas. A reação emocional do indivíduo (que vem de dentro dele) ao fato de que tem que pagar a conta o desvia de sua meta, que, no caso, era paz mental. Desta mesma maneira, um aspecto planetário com a Roda da Fortuna tem seu efeito na vida de um indivíduo.

Considerando um outro exemplo, suponhamos que um indivíduo tem a Roda da Fortuna na Quinta Casa formando uma conjunção com a Lua. Num nível muito real, sua alegria está no desejo de ter um bebê. A Lua simboliza o nascimento real desse bebê. Novamente, esquecendo a Astrologia por um momento, veja a relação entre procurar, querer e esperar pelo proverbial "pacotinho de alegria" e a realização final dele. Aqui também um é mais palpável que o outro. Ainda assim, eles têm uma continuidade direta um com o outro.

Assim, em níveis de pensamento astrológico, uma parte de um horóscopo pode ser mais palpável que a outra, sem necessariamente ser mais significativa. Não há dúvida que o nascimento palpável de um bebê é extremamente importante para uma pessoa; no entanto, os meses de expectativa, planos, sonhos para o futuro e o sentimento surpreendente de respeito que se tem ao experimentar uma parte da criação de Deus são menos importantes?

O palpável e o impalpável são dois lados da mesma moeda. Eles sempre trabalham juntos. Aqui chegamos a uma realização ainda maior. Existem caminhos definidos em direção ao que se está procurando como a alegria na vida. Uma pessoa geralmente sabe o que a torna feliz. Esse conhecimento é palpável. É algo que ele pode experimentar, sentir, provar e tocar; o completa interiormente e lhe permite irradiar isso para todos que encontra.

Através dessas analogias torna-se fácil ver que os aspectos com a Roda da Fortuna têm um efeito muito definido nos caminhos pelos quais ele pode alcançar sua própria "alegria" particular. Esses aspectos também se relacionam aos obstáculos que devem ser superados para realizar essa alegria. Eu escolhi cuidadosamente a palavra "obstáculo" a fim de mostrar ainda um outro ponto. Não há nada verdadeiramente negativo em nenhum horóscopo. Há coisas que levam tempo para se entender. Até que entendamos essas coisas, elas parecem bloquear nosso caminho e nos afastam daquilo que desejamos. Esses são obstáculos. Mas os obstáculos são simplesmente degraus que fazem nossa "alegria" pessoal bem maior quando é conseguida através da força que construímos em nós mesmos durante o processo de lutar por ela. As coisas que levam anos para serem alcançadas são muito mais significativas; as coisas que vêm muito fácil tendem a perder o valor aos nossos olhos. Assim, aspectos fáceis ou difíceis com a Roda da Fortuna devem ser vistos através de uma perspectiva correta: vendo cada um exatamente pelo que vale. Com as coisas que vêm fácil, devemos ser humildes; com as que vêm com dificuldade, devemos ser agradecidos. E aqui está incluído, acima de todas as outras alegrias que a Roda da Fortuna simboliza, o modo como alcançamos a verdadeira e duradoura qualidade da alegria.

QUADRATURAS COM A RODA DA FORTUNA

Se existem planetas em quadratura com a Roda da Fortuna, somos tentados a acreditar que eles privarão um indivíduo de sua alegria. Essa crença está muito longe da verdade. Eles, na verdade, criam a tensão que leva uma pessoa para a ação. De acordo com

Freud, a ação é o que tira uma pessoa do estado de sonho. Quanto mais se faz, age, participa, trabalha, se esforça etc., mais perto chegamos de tornar os sonhos em realidade.

Sonhar ou fantasiar sobre o que nos trará a alegria não é o mesmo que alcançá-la. Admitirmos para nós mesmos que a realização de nossos maiores desejos será o produto de esforço concentrado é o primeiro passo em direção a essa realização.

Quanto mais maléficos forem os planetas que formam quadratura com a Roda da Fortuna, mais profundamente o indivíduo molda seu poço de adversidades a fim de dar mais espaço para que sua alegria entre. Precisamos sempre ter em mente que tudo que estamos realizando não é para que se faça queixas pelo trabalho envolvido, mas, sim, para clara e firmemente definir o caminho e os meios que ajudarão a conseguir os resultados mais positivos da Roda da Fortuna.

Planetas benéficos formando quadratura com a Roda da Fortuna podem levar um indivíduo à satisfação de seus desejos bem cedo na vida, ou através de métodos mais fáceis. Aqui a pessoa deve lembrar que a alegria é uma coisa mais difícil de manter do que de conseguir! Um indivíduo pode querer ser um cantor e através de quadraturas benéficas com a Roda da Fortuna na Décima Casa realizar o esforço para finalmente ser um sucesso. Mas entre milhões de cantores que são sucesso, que porcentagem, na verdade, tem um segundo lugar ou um terceiro? O fato é que menos de um por cento são capazes de chegar ao sucesso! Vendo isso de outra área do horóscopo, um indivíduo pode ter a Roda da Fortuna na Décima-Primeira Casa com quadraturas benéficas. Essas quadraturas ajudam a dar a energia para ativamente procurar as amizades. Mas, porque esses amigos vêm muito facilmente devido à energia benéfica canalizada nessa direção, eles talvez não sejam mantidos por muito tempo, pois não existe a percepção do valor daquilo que foi alcançado.

Assim, em essência, quadraturas com a Roda da Fortuna criam uma energia dinâmica que o indivíduo pode usar para alcançar sua maior alegria. Se essa alegria vem facilmente ou com dificuldade, se leva um tempo relativamente curto ou uma vida inteira, não há nada maior do que se tornar parte da própria "alegria". A lição dessas quadraturas é que a recompensa vale o esforço!

TRÍGONOS COM A RODA DA FORTUNA

Planetas formando trígonos com a Roda da Fortuna trazem circunstâncias exteriores para a vida do indivíduo, que o levam à sua felicidade. Com esses aspectos torna-se muito importante que ele não persiga a sua Roda da Fortuna, pois, se o fizer, ela escapará a cada passo. Por outro lado, por simplesmente aprender como fluir com as circunstâncias, pessoas e acontecimentos que vêm e vão de sua vida, ele automaticamente alcançará sua Roda da Fortuna sem conscientemente tentar fazê-lo.

Os trígonos trazem experiências exteriores, mas nem sempre tão facilmente como poderíamos pensar. Planetas maléficos em trígono com a Roda da Fortuna fazem o indivíduo passar por circunstâncias muito difíceis pelas mãos de outros. No entanto, essas são exatamente as circunstâncias através das quais ele finalmente realiza seus desejos. Quando um indivíduo tem quadraturas com a Roda da Fortuna, seu caminho parece mais dirigido porque vem de dentro. Mas quando seu horóscopo mostra trígonos com esse ponto, ele parece ir em muitas direções diferentes — em essência deslizando para dentro e para fora das realidades de todos que encontra. Essas realidades, de algum modo, simbolizam o que sua Roda da Fortuna significa para ele. Ele é o indivíduo que "anda uma milha tortuosa", mas mesmo assim chega aonde quer. E o interessante é que freqüentemente chega lá a despeito de si mesmo!

Quando os trígonos com a Roda da Fortuna vêm de planetas benéficos, é extremamente fácil para o indivíduo realizar seus sonhos. Repetidamente ele parece ter muita sorte na área que sua Roda da Fortuna simboliza. A lição aqui, é claro, não é arriscar sua sorte sem necessidade, mas, sim, valorizá-la como uma parte da ventura Divina que por alguma razão desconhecida ele mereceu receber.

OPOSIÇÕES À RODA DA FORTUNA

Planetas que formam oposição à Roda da Fortuna estão, ao mesmo tempo, formando conjunções com a Parte da Consciência Impessoal. Assim, os que parecem estar tirando de um indivíduo numa área, eles lhe dão em outra.

Estes planetas atuam melhor quando a pessoa não tenta usá-los para proveito pessoal. Não é tanto que ele precise necessariamente ser um doador em vez de um receptor, ou mesmo ver isso nesse espectro. Pelo contrário, é mais importante que essas energias planetárias sejam usadas sem se relacionarem com ter ou dominar as funções que elas representam ou os resultados que criam. Um ar de desprendimento ajuda-as a funcionar melhor e de modo nenhum diminuem a experiência de sua prometida "alegria" em sua Roda da Fortuna.

Estes planetas simbolizam os caminhos nos quais o indivíduo participa do mundo através de uma consciência impessoal. Assim, mostram-lhe os caminhos nos quais ele é muito parecido com as outras pessoas, em vez de apontar a singularidade que ele tende a querer encontrar em si mesmo como a estrutura de identidade do seu "ego". Embora esses planetas não sejam para atuar num nível pessoal, através deles o indivíduo pode ver os caminhos nos quais ele é mais parte do fluxo das experiências da vida que são comuns a todos. E, em seu nível pessoal, isso lhe dá um sentimento de pertencer, que de outro modo poderia não conhecer.

CONJUNÇÕES COM A RODA DA FORTUNA

Planetas formando conjunções com a Roda da Fortuna ajudam o indivíduo a alcançar sua maior "alegria" se ele aprender como usá-las e permitir que elas atuem em caminhos positivos. Elas dirigem suas energias ao longo de seu caminho para a felicidade, de modo que ele não pode evitar encontrá-la. Em essência, elas acrescentam a habilidade de se concentrar e assim ele não se desvia do lugar para onde se dirige.

Esses planetas estão, ao mesmo tempo, formando conjunções com a Parte da Consciência Impessoal. Assim, eles evitam que o indivíduo se torne muito impessoal. Isso agiria como uma distração de sua realidade pessoal. Além disso, a natureza de qualquer planeta formando uma conjunção com a Roda da Fortuna ajuda a definir, com mais clareza, exatamente o que trará a felicidade para uma pessoa. Mesmo os planetas maléficos podem trazer felicidade. Muitas pessoas sentem bastante "alegria" em lutar! Tire-lhes as razões para lutar e elas se tornam profundamente infelizes. Muitas pessoas sentem felicidade fazendo a vida parecer difícil. Tente fazer a vida mais fácil e elas se tornarão infelizes! Assim, um estado de "alegria" não tem que ser necessariamente o suposto sentimento de felicidade que imaginamos. Tudo que deve existir é a habilidade para satisfazer aquilo que qualquer pessoa define como o que a torna verdadeiramente feliz!

NENHUM ASPECTO COM A RODA DA FORTUNA

É muito comum não encontrar aspectos com a Roda da Fortuna. Nesses casos é interessante estudar o planeta que está mais próximo a ela. Este freqüentemente fornece uma pista sobre como o indivíduo tenta alcançar seu sentimento de "alegria", isto é, os meios que ele usa para atingir seus fins. Se estes meios são fáceis ou difíceis para ele, ou se na verdade o ajudam a alcançar sua Roda da Fortuna ou se o afastam dela, é determinado pelos aspectos que esse "planeta mais próximo" está recebendo no mapa.

CAPÍTULO 6

A RODA DA FORTUNA E CARMA

A Roda da Fortuna representa os caminhos nos quais um indivíduo pode alcançar sua maior alegria e contentamento. Obviamente, então, tem muito a ver com o modo que um indivíduo encontra e supera seu Carma negativo enquanto, ao mesmo tempo, cria e aceita as recompensas do Carma positivo.

Independente de experiências de vidas passadas, mais Carma é criado e vivido na vida presente do que podemos imaginar. Se um indivíduo tem um estilo de vida pelo qual se sente constantemente culpado, então tende a concentrar todo seu mapa através de Saturno. Nesse caso, uma culpa reprimida inconsciente pode, na verdade, evitar que áreas mais positivas no mapa se manifestem.

Se um indivíduo tende a evitar as responsabilidades, então estas começam a se acumular sobre sua cabeça. Aqui também o fardo de Saturno fica pesado o suficiente para fazer o indivíduo perder a perspectiva. Vendo a si mesmo constantemente tentando alcançar tudo o que quer evitar, ele não compreende como seu mapa pode realmente fluir e lhe trazer a felicidade que está procurando.

Se um indivíduo sabe que tem problemas para estabelecer uma relação com seus pais e, contudo, por medo de magoá-los evita as confrontações que o levaria a ser ele mesmo, então sente o peso de Saturno na forma de preocupações secretas que prejudicam e anuviam sua perspectiva na vida.

Se um indivíduo sente-se responsável pela situação de seus pais ou antepassados ele é, novamente, prisioneiro de Saturno. Se sentir que, ele próprio, não é o pai que deveria ser, o resultado é o mesmo.

Muitos estudantes de Astrologia e de Ciências Esotéricas têm a falsa crença de que Deus lhes designou alguma missão muito especial, única, que terá um papel principal na evolução da humanidade. Esse tipo de atitude também convida as influências de Saturno a pairarem como uma pesada nuvem sobre o resto do mapa do indivíduo.

É interessante notar como a maioria dos que começaram a estudar Astrologia, quando vêem e compreendem seus horóscopos pela primeira vez, sentem vontade de apagar Saturno de seu mapa. Para provar isso, aqueles que estudaram Astrologia durante vários anos podem dar muita ênfase à tendência de Saturno. Ambas são atitudes extremas e, como tal, impedem que o indivíduo experimente o fluxo suave de sua completa personalidade. Muita ou pouca concentração em Saturno provoca tal desarmonia no centro do ser do indivíduo que ele na verdade restringe a si mesmo por descobrir quem é e como pode atuar.

Uma das qualidades mais desconhecidas e místicas de Saturno é a necessidade de compreender a formação de tudo. O indivíduo procura a sabedoria a tal ponto que tende, no processo, a sobrecarregar-se com excesso de conhecimento. A sabedoria não pode ser procurada. Ela vem da experiência de vida. Não pode vir dos livros, nem de se ouvir as palavras dos outros. Ela é o resultado de tudo o que um indivíduo sabe, baseado em tudo pelo que ele próprio passou. A sabedoria deve, inclusive, ser posta em *prática* ou se torna de pedra.

O uso adequado de Saturno é dar nem mais nem menos peso do que qualquer outra parte do horóscopo. Sim, o homem tem responsabilidades — baseadas nas necessidades que criou para si mesmo. Há uma grande diferença entre demorar-se nos cuidados, fardos e obrigações, que podem muito facilmente nos fazer cegos a todo o resto que há para se experimentar, e realmente termos nossas responsabilidades da maneira mais simples possível — aceitando-as como apenas um fragmento da totalidade da vida, e nos movendo, por assim dizer, para coisas maiores e melhores.

Saturno pode facilmente ser um planeta de estagnação, mantendo um indivíduo no mesmo nível de consciência durante toda a vida. Através desses anos todos, o Sol, a Lua, o Ascendente e a conseqüente Roda da Fortuna foram forçados a ficar em "segundo plano" para maneiras de pensar e viver obsoletas e fora de moda.

Há aqueles que na vida "procuram ser" e há os que procuram "entender como ser". Os primeiros experimentam a vida em sua totalidade, saboreando as mudanças das estações e participando de novas experiências que dão à vida um sentido de movimento e progresso. Os últimos tendem a ser observadores ou manipuladores da vida, temerosos de mergulhar os pés nas águas da emoção e suas mentes no ar da razão, verdade e sabedoria.

Existem basicamente apenas dois tipos de pessoas no mundo: aquelas que sabem e aquelas que não sabem. As que não sabem, vivem na ilusão de que têm total controle — não apenas sobre suas próprias vidas, mas sobre as vidas de todos ao seu redor. Elas nunca se preocupam em estar em harmonia com a natureza. Elas podem desfrutar e apreciar a beleza natural no mundo ao seu redor, mas vêem tudo isso como se não tivesse relação com o plano de sua vida. Essas pessoas gastam a maior parte de suas vidas queixando-se quando um tempo chuvoso impede um piquenique, quando muito sol os faz sentirem-se desconfortáveis ou quando quaisquer forças exteriores impedem a expressão de sua própria vontade pessoal. Por outro lado, há pessoas que sabem. Sabem que a vida do homem não é separada da natureza, mas parte dela. Elas se alegram com a chuva, pois ela torna tudo verde e, ao mesmo tempo, traz um frescor puro à atmosfera. Festejam o sol, pois em seu brilho a grande exibição da beleza da natureza é mais visível. Elas nunca olham para as coisas, as pessoas ou as circunstâncias como sendo obstáculos para a expressão de suas próprias vontades, mas, pelo contrário, vivem suas vidas como uma divisão comum da produção e sustento da natureza.

Aquelas que não sabem estão tão fora da harmonia consigo mesmas, que pouca coisa em suas vidas pessoais se concretiza de modo a lhes trazer a felicidade. Elas estão competindo para sempre com uma ilusão do "ego", que as leva, como uma cenoura pendurada em frente a um jumento, de uma experiência para outra. Aquelas que sabem nunca são sobrecarregadas pelas responsabilidades; nunca são inibidas por medos; nunca se intimidam com preocupações inexplicáveis que, de qualquer forma, se resolverão por si mesmas.

Se procurarmos descobrir qual é nosso Carma específico, então esse tempo será na realidade desperdiçado, pois em sua duração, sem questionar o significado disso ou daquilo, o indivíduo estaria, da mesma maneira, vivendo seu Carma.

A questão é que a Roda da Fortuna não sendo um planeta específico, mas, sim, uma combinação de três fatores no horóscopo, trabalha melhor quando a pessoa tenta viver sua vida tão naturalmente quanto possível. Para fazê-lo bem, as lamentações e o apego a modelos passados de comportamento, que são característicos do uso negativo de Saturno, devem ser superados. Tão paradoxal quanto possa parecer, o indivíduo precisa transcender seu ser pessoal a fim de encontrar seu ser pessoal.

O mundo tem tanto a oferecer, que o mais sério problema da humanidade é nunca saber o que escolher. Quando o homem finalmente faz suas escolhas, ele nunca está completamente certo se a escolha que fez o impediu de ter outras experiências que poderiam lhe dar mais prazer. O medo da limitação do nosso estilo de vida é outra característica de uma resposta negativa a Saturno. Aqueles que sabem, entretanto, nunca vêem dessa maneira.

Uma das coisas positivas que uma pessoa pode fazer para ficar em harmonia com o que é melhor para seu estilo de vida é limitar as experiências, circunstâncias e indivíduos que tendem a estagnar o crescimento, dispersar suas energias e criar uma profusão de desvios. Estes tendem a afastá-lo de sua segurança na realidade, que serve para criar ordem, harmonia e enriquecer a vida em geral. O mundo é muito grande para que se possa ter tudo dele, e é impossível experimentar as experiências dos outros. Em cada horóscopo, a Roda da Fortuna aparece somente em uma casa e um signo. Isso indica a específica área na qual, se ele for capaz de concentrar suas energias positivas, será capaz de colher as recompensas que lhe trarão seu próprio e único sentimento de alegria.

Olhar para muitas coisas ofusca os nossos sentidos. Ao olhar constantemente para seus fardos o homem perde sua perspectiva otimista da vida. Se ele se permitir fluir com os caminhos nos quais as forças naturais o estão focalizando, logo descobre seu próprio e único fluxo de consciência. Como a verdadeira corrente que desce da montanha para o vale, se ele permanecer dentro das fronteiras do litoral que o limita, fluirá com a corrente natural. Essa correnteza finalmente o carregará para o seu oceano de alegria.

CAPÍTULO 7

A RODA DA FORTUNA E HORÓSCOPOS FAMOSOS

BOB DYLAN

No horóscopo de Bob Dylan, cantor, músico, poeta, místico e uma lenda em seu próprio tempo, encontramos a Roda da Fortuna em Touro na Décima-Segunda Casa. A Parte da Consciência Impessoal é em Escorpião na Sexta Casa. A Roda da Fortuna na Décima-Segunda Casa mostra uma grande ansiedade para buscar coisas interiores; para encontrar e compreender aqueles sentimentos impalpáveis que afetam tanto a vida exterior do homem. Nesse caso, a Roda da Fortuna está formando quase que uma conjunção exata com Urano, que traz esclarecimento, conhecimento, e se transforma em nossa consciência.

Muitos músicos profissionais têm pelo menos um planeta no signo de Touro. Além dos quatro planetas que Dylan tem aqui, sua Roda da Fortuna nesse signo mostra que a música é um dos caminhos pelos quais ele pode alcançar sua maior alegria. A Décima-Segunda Casa mostra que ele é mais feliz não quando tocando para uma imensa platéia (pois o signo de Touro é basicamente tímido), mas quando está aproveitando a solidão e isolamento que ela oferece. Isso lhe permite passar muito tempo longe das exigências de um mundo que se move com rapidez e que, freqüentemente, parece andar em círculos.

Do vantajoso ponto da Décima-Segunda Casa, um indivíduo é capaz de ver todo o *sofrimento da humanidade* e de se perguntar — por quê? A falsidade das tentativas do homem para ser mais do que é, e a realização de que ele é menos do que pensa ser, torna-se visível pelo ponto de vista da Décima-Segunda Casa. "Quantas estradas um homem precisa percorrer antes de podermos chamá-lo de homem?", canta Dylan em sua canção "Blowing in the wind". Em outra canção, ele escreve: "Eu não quero te possuir...", "Eu não quero te mudar...", uma atitude curiosamente única vinda de tal poderoso garanhão de Touro. A Décima-Segunda Casa regida por Netuno leva a natureza terrestre de Touro a uma harmonia muito boa com uma realidade cósmica mais elevada. É sob esse ponto de vista que Dylan é capaz de despertar a humanidade para um novo nível de compreensão que pode ajudar as pessoas a alcançarem um estado de vida mais equilibrado.

A Roda da Fortuna na Décima-Segunda Casa traz grande felicidade para o indivíduo por encontrar a inteireza dentro de si mesmo. Por não procurar ser o que os outros querem que seja, não limitando seu estilo de vida pelos limites da obrigação social, e por não se relacionar pessoalmente com o que os outros esperam, ele é capaz de criar sua própria imagem. Vinda da Décima-Segunda Casa, essa imagem nunca será uma fachada para os outros, mas, sim, a imagem da própria Alma. A um certo ponto de sua carreira, Dylan passou um período de 12 anos sem fazer aparições públicas. É através de tais períodos de tempo que a Roda da Fortuna na Décima-Segunda Casa realiza um crescimento dentro do indivíduo, que vem da verdadeira fonte de seu ser. Ao final de 12 anos, Dylan escreveu um livro sobre misticismo judeu, que era, sem dúvida, um reflexo de todas as descobertas que sua Roda da Fortuna na Décima-Segunda Casa, em conjunção com Urano, lhe trouxe: religião, raízes e espiritualidade.

Na música de Dylan, às vezes, encontramos expressões de realismo muito típicas das qualidades terrestres de Touro. É exatamente essa linguagem e estilo que chamam o homem para a terra, forçando o indivíduo a se ver como ele é. Uma das qualidades mais refinadas de Touro é a ausência de pretensão que todos os escritos de Dylan refletem tão claramente. Aqui está um perfeito exemplo de como o poderoso garanhão de Touro, juntamente com a Roda da Fortuna em Touro, está anulando a dupla influência de Gêmeos, que normalmente cresce em pretensão e superficialidade.

Através de sua Parte da Consciência Impessoal na Sexta Casa em Escorpião, Dylan retira as camadas da superficialidade e, através de seus trabalhos, vai direto à essência da vida. Ele vai atrás dos problemas que afligem a humanidade e com uma abordagem plutoniana os traz para a superfície, onde pode lidar com eles como uma parte do processo regenerativo.

No estilo em que executa seus trabalhos, faz suas aparições públicas e se apresenta para o mundo, ele faz muito para sacudir a rigidez de uma sociedade estagnada. Através da energia de Escorpião, ele canta a sexualidade livremente, quase que insistentemente forçando a humanidade a encarar seus instintos primitivos. Ele tem

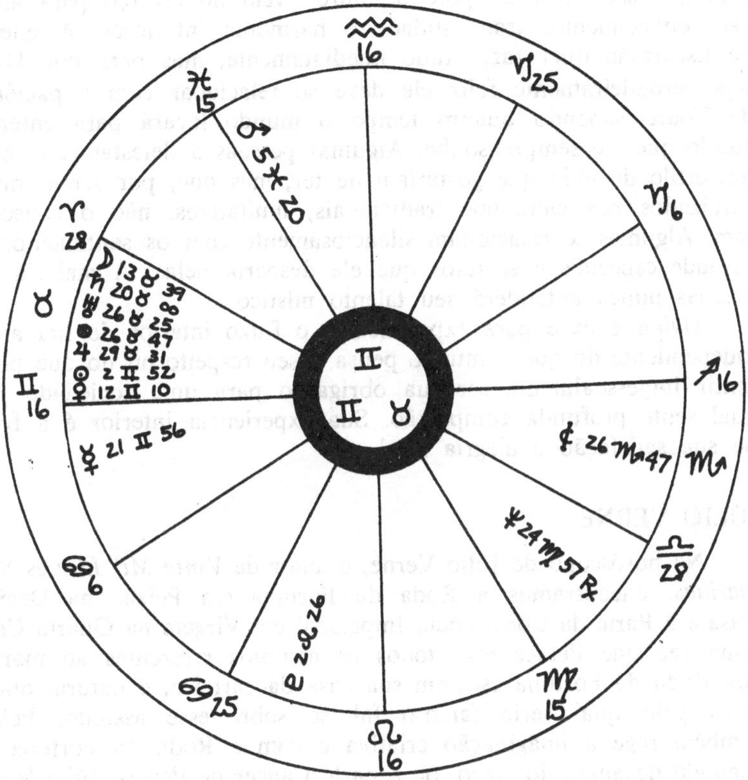

BOB DYLAN
24 de maio de 1941
Duluth, Estados Unidos

sido um cruzado, como Sigmund Freud e Joana D'Arc, ambos com Saturno formando conjunções quase exatas com seu próprio Saturno. Mas em sua cruzada escorpiônica por mudança e transformação deve ter cuidado para não se identificar com as energias plutonianas que está usando com a humanidade. Essas energias são muito diferentes das energias que ele precisa para sua própria felicidade.

Sua Roda da Fortuna na Décima-Segunda Casa em Touro indica que seu próprio "pote de ouro" vem do esforço para alcançar conhecimento, tranqüilidade e harmonia interiores. A energia de Escorpião quer fazer tudo imediatamente, mas para que Dylan seja verdadeiramente feliz ele deve se relacionar com a paciência de Touro sabendo quanto tempo o mundo levará para entender aquilo que ele sempre soube. Algumas pessoas o detestam ao verem um estilo de vida que gostariam de ter, mas que, por serem muito enraizados nos caminhos tradicionais, limitativos, não o conseguiram. Algumas se relacionam silenciosamente com os sentimentos de verdade especiais e secretos que ele desperta nelas. A maioria das pessoas nunca entenderá seu talento místico.

Dylan é livre para experimentar o fluxo interior de sua alma, independente do que o mundo pensa a seu respeito ou do que possa sentir impessoalmente ser sua obrigação para uma sociedade pela qual sente profunda compaixão. Sua experiência interior é a fonte de sua satisfação e alegria final.

JÚLIO VERNE

No horóscopo de Júlio Verne, o autor de *Vinte Mil Léguas Submarinas*, encontramos a Roda da Fortuna em Peixes na Décima Casa e a Parte da Consciência Impessoal em Virgem na Quarta Casa. Uma vez que Peixes rege todos os assuntos referentes ao mar, e sua Roda da Fortuna está em sua casa da carreira, é natural que o livro pelo qual seria famoso falasse sobre esse assunto. Peixes também rege a imaginação criativa e com a Roda da Fortuna no segundo decanato do signo, ou a parte Câncer de Peixes, Júlio Verne imaginou muito mais do que um submarino do futuro. Era literalmente uma casa sob a água. Ele imaginou como os homens poderiam nadar sob as profundezas do oceano com aparelhagem de respiração artificial. Ele imaginou a total auto-suficiência de um submarino no qual o homem pudesse viver toda sua vida com todas as necessidades satisfeitas. Interessante é que quase tudo que ele imaginou é agora uma realidade. Mas, em 1880, o livro de Verne teria sido considerado como não mais que uma fantasia escapista muito boa, tão típica do sonho de um Pisciano. Aqui vemos um ótimo exemplo de como os sonhadores realmente moldam o mundo em que vivem.

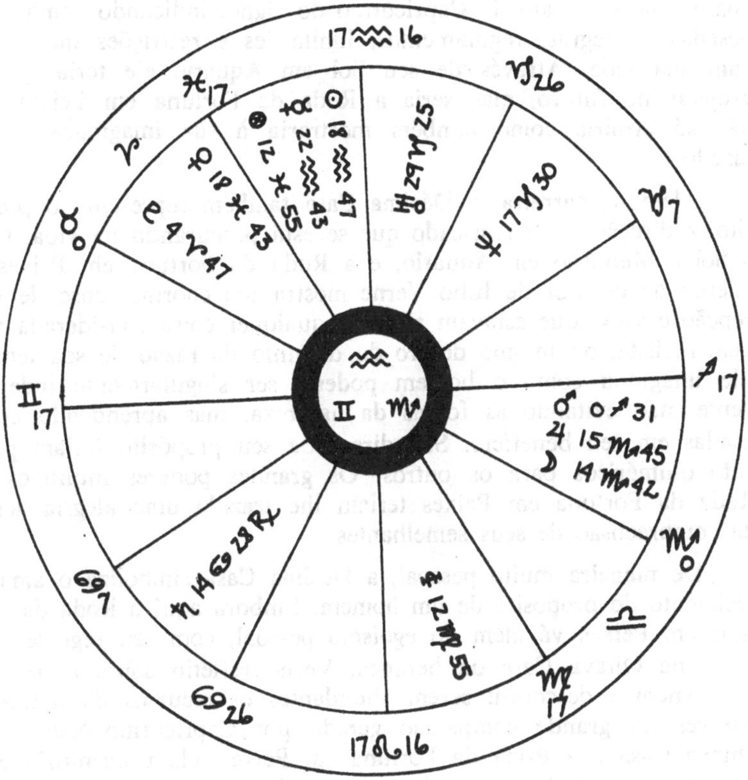

JÚLIO VERNE
8 de fevereiro de 1828
Nantes, França

A Quarta Casa não apenas rege seu próprio lar, mas também sua terra natal, sua cultura e as circunstâncias históricas que cercam os tempos no qual ele vive. Com sua Parte da Consciência Impessoal em Virgem, situada na Quarta Casa, Júlio Verne deveria ter sido capaz de transcender as fronteiras limitadas do pensamento de sua época a fim de alcançar sua alegria pessoal expressando sua imaginação criativa. A Parte da Consciência Impessoal em Virgem aparece no decanato de Capricórnio do signo, indicando como eram pesadas as regras, regulamentos, limitações e restrições que cercavam sua vida. Através de seu Sol em Aquário ele teria que se projetar no futuro, mas seria a Roda da Fortuna em Peixes que não só atrairia como também mostraria à sua imaginação como fazê-lo.

Além da carreira, a Décima Casa também representa o propósito, a direção e o significado que se está procurando na vida. Com o Sol e Mercúrio em Aquário, e a Roda da Fortuna em Peixes, o talento de escritor de Júlio Verne mostra um enorme senso de percepção e visão que estavam além de qualquer coisa considerada prática, realista, ou mesmo dentro do domínio da razão de seu tempo. Ele imaginou como o homem poderia ser singularmente independente, não evitando as forças da natureza, mas aprendendo como usá-las em seu benefício. Sua direção e seu propósito teriam parecido quiméricos para os outros. Os grandes poderes intuitivos da Roda da Fortuna em Peixes teriam lhe trazido uma alegria acima da compreensão de seus semelhantes.

De maneira muito pessoal, a Décima Casa simboliza o amadurecimento do propósito de um homem. Embora aqui a Roda da Fortuna em Peixes vá além do egoísmo pessoal, com seu regente, Netuno, na Oitava Casa da herança, Verne refletiu sobre a herança do homem e descobriu serem abundantes os recursos da natureza. Através da grande compaixão gerada por Capricórnio/Netuno na Oitava Casa e a Roda da Fortuna em Peixes, ele transmitiria essa herança como dádiva pessoal para gerações que nunca veria.

WILLIAM SHAKESPEARE

No horóscopo de William Shakespeare encontramos a Roda da Fortuna em Sagitário na Sexta Casa e a Parte da Consciência Impessoal em Gêmeos na Décima-Segunda Casa. A Roda da Fortuna regida por Júpiter mostra a grande sabedoria que ele procurava e expressava em suas peças. Aqui em sua Sexta Casa do trabalho, do serviço e da obrigação que se sente pela humanidade, a Roda da Fortuna, formando uma conjunção com Urano retrógrado, explica as

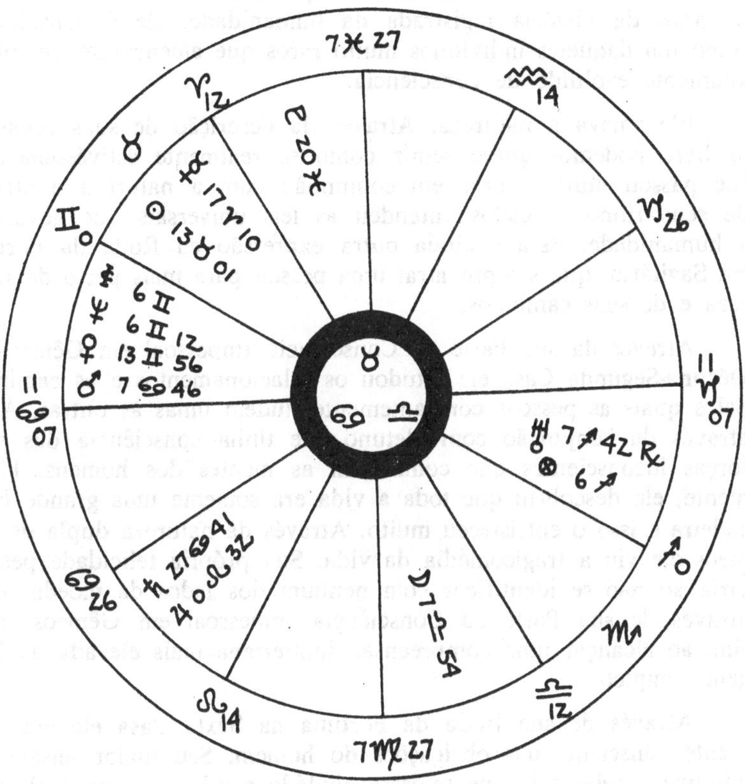

WILLIAM SHAKESPEARE
23 de abril de 1564
Stratford-on-Avon, Inglaterra

irônicas sutilezas da justiça, a respeito da qual Shakespeare era tão inclinado a escrever. O planeta Júpiter, que rege a Roda da Fortuna, é encontrado em Leão. A combinação Leão-Sagitário torna óbvio a razão de a grande parte de seus personagens serem maiores do que a vida. Ele escreveu sobre reis e castelos, esplendor e tirania, e seus escritos eram prolíficos. Suas peças tinham uma plenitude que somente a abundância da Roda da Fortuna em Sagitário poderia abranger. Quanto mais escrevia, mais compreendia a vida. Nos milhares de anos da história registrada da humanidade, ele é considerado como um daqueles indivíduos muito raros que alcançaram um plano altamente evoluído de consciência.

Ele amava a natureza. Através da descrição de suas cenas ao ar livre podemos quase sentir como se realmente estivéssemos lá. Ele passou muitas horas em comunhão com a natureza e através de seus ritmos e ciclos entendeu as leis universais que governam a humanidade. Essa é ainda outra expressão da Roda da Fortuna em Sagitário, que sempre atrai uma pessoa para mais perto da natureza e de seus caminhos.

Através da sua Parte da Consciência Impessoal em Gêmeos na Décima-Segunda Casa ele estudou os relacionamentos e os caminhos pelos quais as pessoas constantemente iludem umas às outras. Aqui, através da conjunção com Netuno, ele tinha consciência das sutis forças inconscientes que comandam as mentes dos homens. Finalmente, ele descobriu que toda a vida era somente uma grande brincadeira e isso o entristeceu muito. Através da natureza dupla de Gêmeos ele viu a tragicomédia da vida. Sua própria felicidade pessoal viria ao não se identificar com nenhum dos lados da moeda, vista através de sua Parte da Consciência Impessoal em Gêmeos, mas, sim, ao alcançar uma compreensão jupiteriana mais elevada da imagem completa.

Através de sua Roda da Fortuna na Sexta Casa ele era altamente consciente das obrigações do homem. Seu maior anseio era adquirir a sabedoria que pudesse ajudá-lo a lidar com as dualidades da qual se via como sendo parte essencial para encontrar suas obrigações para com os outros, bem como lidar com as forças aparentemente dualistas que não podem ser compreendidas com a mente concreta.

Seu próprio pote de ouro não veio da criação de nenhum personagem, mas de ser o supervisor de todos os seus personagens. Ele produziu uma grande quantidade de personalidades que sentia dentro de si mesmo e as colocou em personagens simbólicos em suas peças. Assim, quanto mais trabalhava, mais era capaz de ver a si mesmo e desenvolver sua consciência. Quanto mais era capaz de desenvolver sua consciência, mais condições adquiria de levar a si mesmo para mais perto da luz da verdade superior.

SALVADOR DALI

No horóscopo de Salvador Dali, a Roda da Fortuna está em Gêmeos na Décima-Primeira Casa com a Parte da Consciência Impessoal na Quinta Casa. Conhecido por sua natureza boa e excentricidade, a maior alegria de Dali vem da sua habilidade de viver fora dos limites do conformismo. Geralmente há muitas coisas acontecendo em cada uma de suas pinturas, o que é típico do eixo Gêmeos-Sagitário.

A Quinta Casa que governa sua criatividade, bem como sua perspectiva romântica sobre a vida, é onde ele precisa lidar com sua Parte da Consciência Impessoal. É interessante notar que Sagitário exerce domínio sobre a época medieval, cavaleiros em armaduras brilhantes, reis e castelos. O que poderia ser considerada como uma das excentricidades de Dali é que por muitos anos sua esposa viveu num castelo e ele lhe escrevia cartas quando desejava vê-la. Assim, a natureza do amor em sua vida adquire a reserva que é característica de Sagitário, bem como a impersonalidade de duas pessoas vivendo separadas uma da outra.

Se há alguma coisa com a qual Dali tenha sido pessoalmente ligado poderia ser sua habilidade de manter seu caráter não-ortodoxo. Isso é típico da Roda da Fortuna na Décima-Primeira Casa regida por Urano, que o mantém procurando novos caminhos para expressar a alegria criativa que sente na aventura única que é sua vida.

Ele é amigável, de boa natureza e extremamente generoso. A Roda da Fortuna em Gêmeos lhe traz a alegria de experimentar relacionamentos entre pessoas, coisas e a profusão de idéias da Décima-Primeira Casa regida por Aquário, que fluem através de suas fascinantes pinturas. O maior significado que retira da vida vem ao compreender todas as pequenas coisas que têm interesse no presente. Um estilo de vida construído sobre momentos, em vez de numa linha contínua, finalmente torna-se, ao mesmo tempo, todos os momentos. Isso aparece através de tudo em sua arte. Contudo, não seria a arte que traria a Dali sua maior alegria. Seu verdadeiro pote de ouro pessoal viria ao observar e experimentar todas as complexidades de Gêmeos na vida. Isso seria finalmente expressado em suas pinturas, mais do que na própria alegria de pintar.

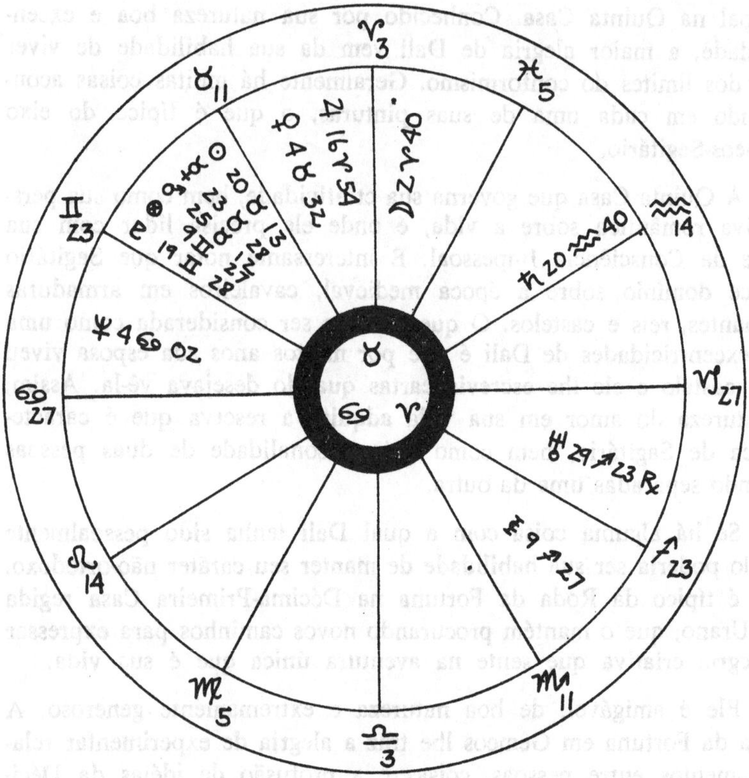

SALVADOR DALI
11 de maio de 1904
Paris, França

Sua Parte da Consciência Impessoal na Quinta Casa, através da qual sua criatividade flui, torna-se o meio que lhe permite a liberdade de ter pão e vinho no café da manhã na Riviera Francesa — um estilo de vida muito típico da promessa de alegria inerente à Roda da Fortuna na Décima-Primeira Casa.

CONCLUSÃO

De muitas maneiras, a vida se apresenta como uma faca de dois gumes. O homem quase sempre julga os outros por seus atos enquanto julga a si mesmo por seus ideais. A Roda da Fortuna é o ponto onde o homem pode encontrar seus ideais e lutar para alcançá-los cooperando com tudo aquilo que é sua promessa única na vida. A Parte da Consciência Impessoal é o ponto onde o homem deve tentar ser impessoal em suas observações sobre os atos das outras pessoas. É exatamente a essência desses atos que ele tende a julgar. Na verdade, ele está julgando a si mesmo nas áreas em que não pode ver os ideais dos outros, mas vê apenas reflexos de partes da humanidade. Se apreendidas negativamente, elas lhe tomam seu sentimento de alegria.

Por essa razão, torna-se importante para cada pessoa entender quais as partes da vida que são impessoais, talvez até irrelevantes para a essência principal de nossa direção, e quais as partes que são a verdadeira essência intrínseca interior desse núcleo. A Roda da Fortuna e a Parte da Consciência Impessoal ajudam o homem a compreender como fazê-lo. A fim de se manter centralizado, um homem precisa perceber que tem que lidar sozinho com seu Carma. Depois de algum esforço dentro dessa orientação, ele começa a perceber alguns resultados positivos na vibração inicial que cria e guia sua vida. A maior parte do Carma negativo vem como resultado de se fazer algum tipo de julgamento dos outros. Mesmo que tais pensamentos sejam guardados para nós mesmos, eles ainda controlam a qualidade vibrante do indivíduo, sua aura, sua personalidade, e os efeitos básicos que ele experimenta enquanto tenta criar suas experiências. Tão logo o homem aprenda como ser impessoal com a compreensão compassiva por aquilo que normalmente o ofende, ele se sentirá livre de todas as forças que se opõem ao seu sentimento de alegria, felicidade e satisfação.

Naturalmente isso é mais fácil de dizer do que de se fazer. É um processo que leva muitos anos. Mesmo quando ele começa a se orgulhar de si mesmo por não ser juiz, então precisa lidar com o fato de que ficou preso outra vez por interiormente julgar quão nobre ele é por não ser crítico num mundo crítico. É uma armadilha muito sutil.

Viver e superar os efeitos do Carma não é um processo fácil. Encontrar a alegria é até mesmo mais difícil; envolve a eliminação de relacionamentos pessoais em qualquer nível de consciência com aquilo que não é alegria! Por essa razão, a maior parte da humanidade experimenta a alegria de maneira limitada e apenas em raros momentos. No decorrer de uma vida, esses momentos provavelmente podem ser contados nos dedos.

Existem, entretanto, aqueles indivíduos que se esforçam para serem sinceros consigo mesmos. A partir dessa sinceridade, toda a vibração de seus horóscopos começa a adquirir mais as qualidades positivas da vida do que as negativas. Eles não julgam a si mesmos nem aos outros. Eles não planejam suas vidas nem evitam planejá-las. Pelo contrário, eles atuam com todo fluxo que Deus lhes deu e através de um senso de gratidão muito profundo aprendem a ver a alegria em todas as coisas. Embora a perspectiva de cada indivíduo seja ligeiramente diferente devido à casa e ao signo em que se encontra da Roda da Fortuna, é claro que, independente da faceta que olhamos, um diamante é lindo.

Se a nossa filosofia de vida é leste ou oeste, se olhamos para flores ou escutamos música, existe harmonia em todas as coisas se olharmos somente para a alegria da vida e formos impessoais com todo o resto.

Imagine que mundo seria este se todos, a partir de suas próprias perspectivas únicas, pudessem fazer isso o tempo todo.

ALEGORIA

O QUE É FORTUNA?

Por milhares de anos o homem refletiu sobre a questão: "O que é fortuna?". Milhares de respostas surgiram. Surpreendentemente, com todas essas respostas, muito poucas pessoas podem na realidade dizer que se sentem afortunadas. Há uma antiga história chinesa que fala sobre a natureza da ventura de modo muito interessante.

Há vários milhares de anos, havia na China um ditador extremamente cruel e egotista. Foi ele quem ordenou a construção de seis mil milhas de parede ao redor do país. Para entendermos o sabor desse tempo, precisamos saber que muitas pessoas morreram na construção dessa parede e seus corpos foram enterrados em seu interior. Naquele tempo havia um chinês muito velho que possuía apenas duas coisas que amava na vida: seu único filho e seu único cavalo. Mas, por sorte ou por azar, um dia o cavalo fugiu. Ao saberem disso todos os anciãos da cidade vieram consolá-lo, dizendo: Que infortúnio seu cavalo ter fugido. O velho homem olhou para eles e respondeu: Como vocês sabem que é um infortúnio?

Vários dias depois o cavalo voltou, seguido por outros seis. Assim, a riqueza do homem foi muito aumentada. Ao ver isso, os anciãos da cidade vieram novamente e disseram: Que sorte, agora você tem sete cavalos. O velho homem pensou por um momento. Então, olhou para eles como antes e respondeu: Como vocês sabem que é sorte?

Naquela tarde, o único filho do velho decidiu tentar montar num dos cavalos selvagens. Ele caiu e em conseqüência ficou aleijado. Agora os anciãos se reuniram de novo e disseram: Que infortúnio seu filho ter caído do cavalo e não poder mais andar. O velho respondeu do mesmo modo, dizendo: Como vocês sabem que é infortúnio? Os anciãos ficaram muito confusos e se retiraram.

No dia seguinte, os homens do imperador chegaram àquela cidade. Eles tinham ordem para recrutar todos os jovens capazes para a tarefa de construir com as mãos a horrível parede de seis mil milhas. Todos os jovens da cidade foram levados, exceto o filho do velho homem. Quando isso aconteceu, os anciãos da cidade tinham certeza que finalmente tinham entendido a sabedoria do velho. Foram vê-lo novamente e disseram: Que afortunado você é por seu filho não ter sido levado para construir a parede. Novamente, o velho os olhou e disse: Como sabem se sou afortunado?

Dessa vez, os anciãos estavam totalmente confusos. Eles foram embora e conversaram entre si. Então voltaram até o velho e disseram: Conversamos entre nós e concordamos que você é o homem mais sábio em toda a China. Consideraríamos uma sorte se você fosse o prefeito de nossa cidade. O velho levantou seus braços em desespero e disse: Como vocês sabem que seria sorte? Eu não quero o emprego. E foi embora.

Ele bem pode ter sido o homem mais afortunado em toda a China — pois sabia o segredo da ventura!

Agradecimentos ao doutor Hae Sou por narrar esta alegoria ao autor.

APÊNDICE

Método tradicional para encontrar a Roda da Fortuna:
Se o Sol está em Aquário, 18.04; a Lua em Capricórnio, 26.04; Ascendente em Gêmeos, 20.29; então:

	Signos	Graus	Minutos
Asc.	2	20	29
+ Lua	9	26	04
	11	46	33
— Sol	10	18	04
Roda da Fortuna	1	28	29

ou Touro 28.29

Nesse método calculamos o Ascendente como se tivesse completado dois signos, Áries e Touro, e estando a 20 graus e 29 minutos no terceiro signo, Gêmeos. A Lua completou nove signos inteiros e está a 26 graus e 4 minutos no décimo signo, Capricórnio. O Sol completou o movimento através de dez signos e está a 18 graus e 4 minutos no décimo-primeiro signo, Aquário.